Beratung 19

Die Buchreihe

Beratung

wird herausgegeben von

Dr. Annett Kupfer, Dresden
Prof. Dr. Sandra Wesenberg, Berlin

Tübingen

Gina Camenzind, Martina Hörmann
& Minnie Silfverberg

Medienkompetenz Blended Counseling

Ein Modell

Mit Online-Materialien

Beratung 19

Deutsche Gesellschaft für Verhaltenstherapie
Tübingen
2023

Kontaktadresse:

Prof. Dr. Martina Hörmann
Hochschule für Soziale Arbeit
Fachhochschule Nordwestschweiz
Olten (CH)

E.Mail: martina.hoermann@fhnw.ch
www.blended-counseling.ch

Online-Materialien zum Herunterladen unter:
www.dgvt-verlag.de → Service → Download
Download-Code: dW784zoJej

Bibliografische Information der Deutschen Nationalbibliothek
Die Deutsche Nationalbibliothek verzeichnet diese Publikation in der Deutschen Nationalbibliografie; detaillierte bibliografische Daten sind im Internet über http://dnb.d-nb.de abrufbar.

Im Sudhaus
Hechinger Straße 203
72072 Tübingen

E-Mail: dgvt-Verlag@dgvt.de
Internet: www.dgvt-Verlag.de

Umschlagbild: Sophie Taeuber-Arp: *Composition à carrés, cercle, rectangles, triangles,* Wolle, 1918–31, Stiftung Arp e. V., Berlin/Rolandswerth
Umschlaggestaltung: Winkler_Design, Wolfgang Winkler, Tübingen
Layout: VMR, Monika Rohde, Leipzig
Grafiken zum Kompetenzmodell: Indre Grumbinaite, Hochschule für Soziale Arbeit FHNW, Olten
Druck: Printed in Germany

Auch als E-Book erhältlich: ISBN 978-3-87159-419-9

ISBN 978-3-87159-719-0

Inhaltsverzeichnis

Abbildungen und Tabellen

Vorwort und Farewell der ehemaligen Herausgeber der Reihe „Beratung" im dgvt-Verlag

„Es wird aber langsam auch Zeit" – mögen sich einige (insbesondere die mit uns gealterten) Leser*innen der Beratungsliteratur im dgvt-Verlag gesagt haben –, dass die Beratungsreihe in eine jüngere Herausgeber*innenschaft übergeht.

Nun ist es so weit.

Vor ungefähr einem Vierteljahrhundert hat uns, Hans Thiersch und mir (Frank Nestmann), der dgvt-Verlag und dessen „Vater" sowie langjähriger Leiter Otmar Koschar die tolle Gelegenheit geboten, erstmals in Deutschland eine auf BERATUNG (Counseling) fokussierte Buchreihe zu entwickeln und zu etablieren.

Dafür war es schon damals höchste Zeit und längst überfällig, denn bereits ab Ende der 1970er-Jahre entwickelte sich Beratung auch in Deutschland zu einem der größten und diversifiziertesten Praxisfelder sowie einem der profiliertesten Handlungsansätze psychologischer, sozialer und pädagogischer Arbeit in unterschiedlichsten Lebensbereichen. Nach und nach wurde Beratung darüber hinaus zu einem eigenständigen interdisziplinären Wissenschafts- und Forschungsgebiet und auch eine verbandlich-politische Professionalisierung war endlich angesagt.

Im dgvt-Verlag entstand so neben unzähligen Publikationen zu Klinischer Psychologie, Psychotherapie und insbesondere zur Verhaltenstherapie, zum *Forum für Verhaltenstherapie und psychosoziale Praxis*, zu den Reihen *Psychologie und Psychotherapie im Kindes- und Jugendalter* und *Fortschritte der Gemeindepsychologie und Gesundheitsförderung* sowie vielen Broschüren, Praxis-Materialien und einem umfassenden „allgemeinen Programm" und schließlich der Lehrfilm-Reihe *Handwerk der Psychotherapie* auch die Publikationsreihe *Beratung* in unserer beider Herausgeberschaft.

Es wurde eine Reihe aus Monografien und Sammelbänden, aus empirischen Arbeiten, theoretischen Analysen und Entwürfen, beratungspraktischen Konzepten sowie beratungspolitischen Reflexionen mit einem Fokus auf psychosoziale und sozialpädagogische Wissenschaft und Praxis, aber offen auch für andere bedeutsame Beratungsgebiete wie insbesondere Beratung in Bildung und Hochschule, in Beruf und Beschäftigung.

Von drei Handbüchern zur Beratung über die Übersetzung zentraler angloamerikanischer Beratungsschriften, empirische Studien zu ausgewählten Beratungsfeldern, -konstellationen und -kontexten bis hin zu Lehr- und Lernanleitungen reicht das Spektrum der Beratungsveröffentlichungen im Verlag bis heute, immer auch orientiert an aktuellen gesellschaftlichen Entwicklungen, die Beratung einbetten, und an den internationalen Counseling-Diskursen.

Nun haben wir „losgelassen“ – und die Beratungsreihe in neue Hände gelegt.

Wir sind sehr froh, mit Annett Kupfer und Sandra Wesenberg zwei ausgewiesene Beratungswissenschaftlerinnen gefunden zu haben (beide langjährige Mitglieder des „Forum Beratung“ in der DGVT, welches die Beratungsreihe seit Beginn kritisch-konstruktiv begleitet), die nun die Beratungsreihe im dgvt-Verlag als Herausgeberinnen übernommen haben. Sie werden Bewährtes und Erfolgreiches weiterführen, aber insbesondere auch notwendig Neues entwickeln.

Kaum „im Amt“ lancierten sie so z. B. eine neue „Kleine Reihe“ zu Grundfragen der Beratung – mit dem ersten kompakten Bändchen *Beratung und Psychotherapie: Aktuelle Entwicklungen im Spannungsfeld von Abgrenzung und Kooperation* –, ausgerichtet auf formale wie inhaltliche Publikationsorientierungen und Rezeptionsbedürfnisse und -gewohnheiten heutiger Lernender in Studium, Aus- und Weiterbildung sowie jüngerer Generationen in Wissenschaft, Forschung und Praxis von Beratung.

Mit dem vorliegenden Band renommierter Beratungswissenschaftlerinnen zum „Blended Counseling“ gelingt es Annett Kupfer und Sandra Wesenberg nun auch, die „große“ Beratungsreihe weiterhin in einer zeitangemessenen Beratungswelt zu verankern und in eine sich abzeichnende Beratungszukunft zu führen.

Wir wünschen ihnen und dem dgvt-Verlag – heute unter der Leitung von Valerie Pogodda – viel Erfolg bei der Weiterführung und Weiterentwicklung der Beratungsreihen sowie „die besten“ Beratungsautor*innen und „das Beste“ an Beratungsmanuskripten in den nächsten 25 Jahren.

Für die ehemaligen Herausgeber und auch im Namen von Hans Thiersch

Frank Nestmann (Radebeul)

Vorwort der Herausgeberinnen zum Band *Medienkompetenz Blended Counseling* in der Reihe „Beratung“

Wir – Annett Kupfer und Sandra Wesenberg – haben vor anderthalb Jahren die Herausgeber*innenschaft der Reihe „Beratung“ im dgvt-Verlag übernommen und sind damit in große Fußstapfen getreten: Ungefähr 25 Jahre lang wurde diese Reihe von Frank Nestmann und Hans Thiersch herausgegeben, zwei der renommiertesten Wissenschaftler zu Beratung und Sozialer Arbeit in Deutschland. Frank Nestmann nennt in seinem Vorwort die zahlreichen umfassenden Publikationen, die in diesen Jahren erschienen sind und von denen inzwischen viele als Standardwerke der Forschung und Praxis von Beratung im deutschsprachigen Raum gelten und eine große Verbreitung gefunden haben.

Wir wollen die Reihe „Beratung“ im Sinne von Frank Nestmann und Hans Thiersch fortführen und auch weiterhin eine breite Vielfalt an empirischen Studien, Theoriebeiträgen, Praxispublikationen und Lehr-Lern-Materialien zu Beratung im dgvt-Verlag herausgeben. Besonders freuen wir uns, dass der in unserer Herausgeberinnenschaft erste Band in der „großen Reihe“ ein hochaktuelles und für Praxis wie Forschung gleichermaßen bedeutendes Thema aufgreift: Blended Counseling, also eine systematische Kombination von digitalen und analogen Kommunikationssettings in der Beratung, ist insbesondere im Zuge der Corona-Pandemie in den Blickpunkt der Entwicklung von Beratung gerückt. Dabei steht Beratung nicht erst seit der Pandemie vor der Herausforderung, Menschen in unterschiedlichen pluralisierten Lebenswelten einen flexiblen und niedrigschwelligen Zugang zu ermöglichen. Digitale Settings können die Erreichbarkeit für bestimmte Gruppen in besonderer Weise verbessern. Zugleich bringt der Einsatz von digitalen Medien in der Beratung besondere Anforderungen mit sich und verlangt ausgewiesene Kompetenzen der Beratenden.

Gina Camenzind, Martina Hörmann und Minnie Silfverberg greifen diese hochaktuellen Fragen in ihrem Band auf und klären u. a., welche Rahmenbedingungen gegeben sein müssen und über welche spezifischen Kompetenzen beratende Personen verfügen sollten, damit Blended Counseling-Prozesse gelingen können. Im Rahmen eines mehrjährigen Forschungsprozesses haben die Autorinnen ein umfassendes und differenziertes Kompetenzmodell zu Blended Counseling entwickelt. Die Publikation, die hieraus entstanden ist, bietet im ersten Teil eine fundierte und gelungene Darstellung der theoretischen und konzeptionellen Hintergründe des Kompetenzmodells und vermittelt den Leser*innen einen detaillierten Einblick in die Entstehung des Modells im Rahmen des Projektes „Medienkompetenz als Basisvariable für Blended Counseling". Das Modell umfasst sieben Kompetenzbereiche, die für gelingende Beratungsprozesse in Blended Counseling-Settings zentral erscheinen. Diese Bereiche lassen sich drei übergeordneten Ebenen zuweisen: (motivationale) Voraussetzungen, die in der Person der*s Beraters*in zu verorten sind (1.), spezifische Kompetenzen der beratenden Person, die für die Planung, Implementierung und erfolgreiche Durchführung von Blended Counseling-Prozessen notwendig sind (2.), sowie Fähigkeiten zur Förderung der Medienkompetenz von Klient*innen (3.). Das präsentierte Kompetenzmodell verdeutlicht einerseits die umfassende fachliche Fundierung sowie die ausgewiesene Expertise der Autor*innen, die bereits seit fast zehn Jahren am Institut Beratung, Coaching und Sozialmanagement der Hochschule für Soziale Arbeit der Fachhochschule Nordwestschweiz zu Blended Counseling arbeiten. Andererseits überzeugt das Modell insbesondere auch dadurch, dass es gemeinsam mit Expert*innen aus der Praxis entwickelt wurde. In Kooperation mit der Mütter- und Väterberatung der Sozialen Dienste Zürich konnte Blended Counseling erprobt und das Kompetenzmodell hinsichtlich seiner Anschlussfähigkeit an Beratungspraxis diskutiert und entwickelt werden.

Der vorliegende Band ermöglicht es unseres Erachtens sowohl Beratungsforschenden als auch Berater*innen mit Praxisexpertise aus verschiedensten Beratungsfeldern ihr Wissen zu Kompetenzen in Blended Counseling entscheidend zu erweitern und zu vertiefen. Wir wünschen viele Denkanstöße, Aha-Momente und vor allem viel Freude bei der Lektüre.

Annett Kupfer (Dresden) und Sandra Wesenberg (Berlin)

Vorwort der Autorinnen

Neben der Onlineberatung wurde in den vergangenen Jahren die Idee der Kombination von digitalen und analogen Beratungssettings in der Beratungspraxis zusehends bedeutsamer. Blended Counseling – also die systematische Kombination von digitalen und analogen Settings in der Beratung – versucht, jeweils die spezifischen Vorteile der verschiedenen Beratungssettings zu nutzen. Blended Counseling ist seit 2014 ein Forschungs- und Arbeitsschwerpunkt am Institut Beratung, Coaching und Sozialmanagement der Hochschule für Soziale Arbeit der Fachhochschule Nordwestschweiz. Auch aufgrund des hohen Interesses der Beratungspraxis konnten wir in den vergangenen Jahren verschiedene Forschungs- und Entwicklungsprojekte zu Blended Counseling durchführen. Dabei wurden in enger Kooperation mit Praxisorganisationen Grundlagen für Blended Counseling entwickelt, erprobt und evaluiert.

In diesem Band wird ein wesentliches Ergebnis des Projektes „Medienkompetenz als Basisvariable für Blended Counseling. Ein Forschungs- und Entwicklungsprojekt in der Mütter- und Väterberatung" vorgestellt. Dies war nur möglich durch die engagierte und fachlich kompetente Projektmitarbeit verschiedener Personen.

Wir möchten uns an dieser Stelle sehr herzlich bei den Beraterinnen der Mütter- und Väterberatung der Sozialen Dienste Zürich bedanken, die engagiert im Projekt mitgearbeitet und mitdiskutiert haben. Ein besonderer Dank geht an die Leiterin der Mütter- und Väterberatung Denise Ernst und ihre Stellvertreterin Leila Aniba, die neben ihrer hohen Fachkompetenz auch eine wohltuende Gelassenheit in das Projekt eingebracht haben, was angesichts mancher Herausforderungen der praktischen Erprobung von Blended Counseling in Zeiten der Pandemie sehr hilfreich war. Ein Dank gebührt auch Dominik Tschopp, der als Teil des Projektteams insbesondere das Management der Erprobung von Blended Counseling souverän vorbereitete und begleitete sowie die konzeptionellen Grundlagen zu den Themen Technik und Datenschutz für Blended Counseling vorangetrieben hat. Auch hat er uns zum Kompetenzmodell immer wieder wichtige Hinweise zur Präzisierung und fachlichen Fundierung gegeben. Ein weiterer Dank geht an Patricia Flammer, die bereits ab 2019/2020 wesentliche Vorarbeiten für ein Blended Counseling-Kompetenzmodell geleistet hat. Wir bedanken uns zudem bei Indre Grumbinaite, die das Kompetenzmodell grafisch aufbereitet hat, sowie beim Leiter des Instituts Beratung, Coaching und Sozialmanagement, Stefan Adam, der die Publikation des Kompetenzmodells mit zeitlichen Freiräumen für das Autorinnenteam unterstützt hat.

Gina Camenzind, Martina Hörmann, Minnie Silfverberg
Olten und London im November 2022

1 Einführung

In den letzten Jahren – spätestens seit Beginn der Covid-19-Pandemie – hat es in der psychosozialen Beratung einen großen Digitalisierungsschub gegeben. Vermehrt werden digitale Medien in Beratungsprozesse integriert, um den Bedarfen der Klient*innen gerecht zu werden und Beratung lebensweltorientiert anzubieten (vgl. Camenzind & Hörmann, 2021; Engelhardt, 2021; Hörmann, 2020b). Wurde bis zur Pandemie mit Onlineberatung überwiegend die schriftbasierte E-Mail-Beratung assoziiert und auch erforscht, so änderte sich dies mit dem Siegeszug der Videoberatung rasant (vgl. Silfverberg, 2020; Silfverberg, 2021). Mittlerweile kann es vorkommen, dass Menschen das Videosetting meinen, wenn sie von digitaler Beratung sprechen. Die Vielfalt der digitalen kommunikativen Settings ist groß und insofern stellt sich zunehmend die Frage, wie es gelingen kann, diese digitalen Möglichkeiten mit dem bewährten Format der kopräsenten Face-to-Face-Beratung zu verknüpfen. Mit dem Beratungsformat Blended Counseling wird genau diese Frage adressiert.

Als Blended Counseling wird die „systematische, konzeptionell fundierte, passgenaue Kombination von digitalen und analogen Kommunikationssettings in der Beratung“ bezeichnet (Hörmann, Tschopp & Wenzel, 2023, S. 49). Diese Verknüpfung „traditioneller“ und moderner Kommunikationsformen ermöglicht einen flexiblen, lebensweltnahen und auf die Bedürfnisse der Klient*innen zugeschnittenen Beratungsprozess, weshalb Blended Counseling auch als Beratungsform der Zukunft bezeichnet wird (vgl. Engelhardt & Reindl, 2016).

Der gezielte und professionelle Einsatz von digitalen Medien in der Beratung erfordert Kompetenzen, welche über die im analogen Setting erforderlichen Beratungskompetenzen hinausgehen. In diesem Band wird anhand eines Modells aufgezeigt, welche (Medien-)Kompetenzen aufseiten der Beratenden zu einer erfolgreichen und kompetenten Umsetzung von Blended Counseling beitragen können. Erarbeitet wurde das Kompetenzmodell im Rahmen des Forschungs- und Entwicklungsprojektes „Medienkompetenz als Basisvariable für Blended Counseling“ (Camenzind, Hörmann & Tschopp, 2021), das von einem Projektteam der Hochschule für Soziale Arbeit der Fachhochschule Nordwestschweiz (HSA FHNW) in Zusammenarbeit mit der Mütter- und Väterberatung der Sozialen Dienste Zürich (MVB) durchgeführt wurde. Diese Kooperation mit einer Praxisorganisation ermöglichte, dass die theoretischen Überlegungen zum Kompetenzmodell in verschiedenen Schritten, wie beispielsweise durch zwei Gruppendiskussionen, immer wieder mit der Praxisperspektive verschränkt wurden. So konnte neben der Entwicklung von Blended Counseling-Szenarien für die Mütter- und Väterberatung sowie der Erprobung und Evaluierung von Blended Counseling in der Praxis der MVB auch die theoretische Fundierung von Blended Counseling weiter vorangebracht werden.

Die Modellentwicklung zielte darauf ab, sowohl für Beratende, die Blended Counseling anbieten oder zukünftig anbieten möchten, als auch für den Fachdiskurs Orientierung bezüglich der notwendigen Kompetenzentwicklung zu geben. Anhand eines zum Modell gehörenden Selbsteinschätzungsbogens sollte es Beratenden zudem ermöglicht werden, eine konkrete Einschätzung hinsichtlich ihrer Kompetenzen für Blended Counseling vorzunehmen.

In diesem Buch wird das Kompetenzmodell mit seinen Herleitungen detailliert erläutert und begründet. Bevor der Entwicklungsprozess (vgl. Kapitel 4) sowie das Modell selbst (vgl. Kapitel 5) und der Selbsteinschätzungsbogen (vgl. Kapitel 6 sowie Anhang) beschrieben werden, verdeutlichen die Kapitel 2 und 3 das dem Kompetenzmodell zugrunde liegende Blended Counseling-Modell sowie relevante Überlegungen und Konzepte zu Medienkompetenz bzw. digitalen Kompetenzen. Für die Entwicklung wurden insbesondere drei Modelle verwendet, die aus disziplinär unterschiedlichen Kontexten stammen, jedoch jeweils wesentliche Aspekte zum Kompetenzmodell Blended Counseling beisteuern konnten: das Modell von Groeben aus der Psycholinguistik, das Modell von Hartmann und Hundertpfund aus dem pädagogischen Kontext sowie der europäische Referenzrahmen DigComp aus dem (bildungs-)politischen Kontext. Damit möchte das Buch einerseits einen Beitrag zum Diskurs des Beratungslernens und der Beratungskompetenzentwicklung leisten, der auf ganz unterschiedlichen Ebenen in Wissenschaft, Weiterbildungspraxis und Fachverbänden geführt wird (vgl. exemplarisch Hörmann, 2019a; Hörmann & Gloor, 2022; Maier-Gutheil, 2020; Nationales Forum Beratung in Bildung, Beruf und Beschäftigung [nfb], 2014; Schiepek, 2020). Andererseits soll der Kompetenzdiskurs zur Onlineberatung gezielt auf das breitere Format des Blended Counseling erweitert werden. Dies bedeutet, dass ein Teil der Kompetenzbereiche im vorgestellten Modell auch für die Onlineberatung Gültigkeit besitzt, wie beispielsweise der Beziehungsaufbau im virtuellen Raum. Zugleich gibt es jedoch auch spezifische Kompetenzbereiche, die für Blended Counseling zentral sind, wie beispielsweise die Auswahl und gezielte Kombination der kommunikativen Settings im Prozessverlauf.

Insofern gilt es, vorhandene Kompetenzmodelle für Beratung gezielt zu erweitern und auszudifferenzieren (Hörmann, 2020a, S. 146). Inwieweit der Erwerb von Kompetenzen für Blended Counseling oder für Beratung im digitalen Setting allgemein aufbauend auf eine bereits absolvierte Beratungsweiterbildung oder integriert in eine grundständige Beratungsweiterbildung erfolgen soll, ist eine Frage, der sich Beratungsfachverbände stellen sollten (vgl. Hörmann, 2019b). In zukünftigen Beratungsaus- und -weiterbildungen werden digitale Skills – so bleibt zu hoffen – selbstverständlicher Bestandteil des Curriculums sein.

2 Blended Counseling

Blended Counseling[1] ist seit 2014 Forschungs- und Arbeitsschwerpunkt an der Hochschule für Soziale Arbeit der Fachhochschule Nordwestschweiz. Insofern basieren die nachfolgenden Ausführungen auf verschiedenen Entwicklungsprojekten zu Blended Counseling in den Jahren 2014 bis 2022, die in unterschiedlichen beraterischen Handlungsfeldern in Kooperation mit Organisationen aus der Praxis durchgeführt wurden (vgl. z. B. Camenzind et al., 2021; Hörmann, Aeberhardt, Flammer, Tanner, Tschopp & Wenzel, 2019; Hörmann, 2018; Flammer & Hörmann, 2018). Zudem wurden einzelne Aspekte von Blended Counseling untersucht (vgl. z. B. Silfverberg, Hörmann & Tschopp, 2022; Hörmann, 2020a; Hörmann, 2020b). Die Idee des Blended Counseling ist noch jung im Vergleich zur „klassischen" Onlineberatung. Deren Vorteile werden im Blended Counseling im Sinne eines „Sowohl-als-auch" gezielt mit den Vorteilen der Face-to-Face-Beratung kombiniert.

Blended Counseling umfasst „die systematische, konzeptionell fundierte und passgenaue Kombination von digitalen und analogen Kommunikationssettings in der Beratung" (Hörmann et al., 2023, S. 49).

Kommunikative Settings[2] „sind synchrone und asynchrone Settings, in denen Kommunikation stattfinden kann und die im Rahmen des Blended Counseling miteinander kombiniert werden können: das kopräsente Face-to-Face-Gespräch vor Ort, die Videokommunikation, die Mailkommunikation, die Telefonkommunikation, die Kommunikation via Messenger (schriftbasiert oder sprachbasiert) sowie via Chat" (Hörmann et al., 2023, S. 71).

Für Blended Counseling sind verschiedene Entwicklungsrichtungen und Varianten denkbar: Zum einen kann die Face-to-Face-Beratung vor Ort als Ausgangspunkt genommen und zu einem Blended Counseling weiterentwickelt werden. Zum anderen können sich auch „klassische" Onlineberatungsangebote durch die Integration von Face-to-Face-Beratungskontakten vor Ort zu einem Blended Counseling erwei-

1 Im Diskurs finden sich die Schreibweisen „Blended Counseling" (AE) und „Blended Counselling" (BE), hier wird die Schreibweise „Counseling" verwendet.

2 Der Begriff „kommunikative Settings" ersetzt den etwas missverständlichen Begriff „Kommunikationskanäle", da diese in der Medienpsychologie als Sinneskanäle verstanden werden, wohingegen der Begriff im Onlineberatungsdiskurs die kommunikativen Settings Mail, Messenger etc. meint.

tern (vgl. dazu ausführlich Hörmann et al., 2019; Hörmann, Flammer & Höchner, 2020; Hörmann, Kirchhofer & Camenzind, 2020; Hörmann et al., 2023).

Zudem lassen sich folgende Varianten von Blended Counseling unterscheiden (Hörmann et al., 2019): Neben der „klassischen Variante von Blended Counseling" mit einer Kombination digitaler und analoger Kommunikationssettings findet sich bereits bei Weiß (2013) der Hinweis auf die Möglichkeit eines Blended Online Counseling. Hier wird ausschließlich zwischen verschiedenen kommunikativen Möglichkeiten innerhalb des digitalen Settings gewechselt, beispielsweise wenn asynchrone Mailberatungskontakte mit einer synchronen terminierten Chatsprechstunde kombiniert werden (vgl. Hörmann, Flammer & Höchner, 2020). Als dritte Variante kann im Enriched Face-to-Face-Counseling ein Beratungsgespräch vor Ort gezielt mit Apps, z. B. einer Suchttagebuch-App, „angereichert" werden (Hörmann et al., 2019).

2.1 Das dreidimensionale Blended Counseling-Modell

Im Rahmen des Projektes „Face-to-Face und mehr – neue Modelle für Mediennutzung in der Beratung" (2017–2019) wurde erstmals ein Blended Counseling-Modell entwickelt, welches die folgenden drei Dimensionen umfasst (Hörmann et al., 2019, 2023[3]):

a) Klient*innenbezogene Aspekte von Blended Counseling

Diese Dimension umfasst neben den direkt betroffenen Personen jeweils auch Angehörige, die in eine Beratung kommen. Dabei fokussiert diese Dimension die in der Abbildung 1 visualisierten Aspekte (vgl. dazu ausführlich Hörmann et al., 2023).

Medienaffinität: Hier gilt es zu klären, welche kommunikativen Settings im Alltag oder beruflich genutzt werden und wie positiv jemand demgegenüber eingestellt ist.

Medienkompetenz: Vorerfahrungen von Klient*innen im Umgang mit digitalen Medien erleichtern den Einbezug von digitalen Medien im Beratungsprozess (vgl. dazu auch Kapitel 5.7).

Geräteausstattung: Die Frage der Geräteausstattung der Klient*innen ist die Basis für ein gelingendes Blended Counseling. Dazu zählt neben einem Smartphone und/oder einem PC auch der Internetzugang.

3 Die im Rahmen des Forschungsprojektes „Face-to-Face und mehr – neue Modelle für Mediennutzung in der Beratung" (2017–2019) entwickelte erste Fassung des Blended Counseling-Modells wurde mittlerweile aufgrund der Ergebnisse weiterer Projekte ausdifferenziert (vgl. Hörmann et al., 2023).

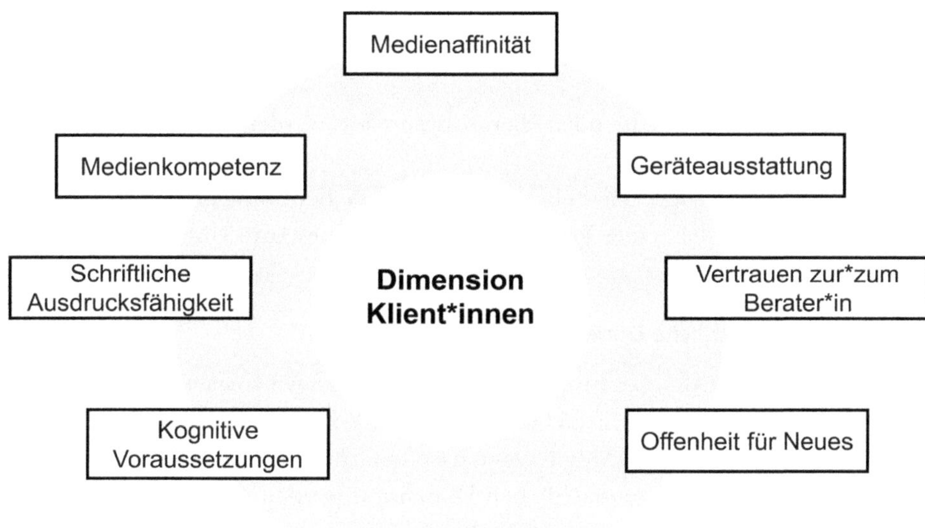

Abbildung 1: *Klient*innenbezogene Aspekte von Blended Counseling (vgl. Hörmann et al., 2019, 2023)*

Schriftliche Ausdrucksfähigkeit: Die schriftliche Ausdrucksfähigkeit spielt eine Rolle, wenn schriftbasierte kommunikative Settings einbezogen werden.

Kognitive Voraussetzungen: Um verschiedene kommunikative Settings im Blended Counseling-Prozess nutzen zu können, ist ein Mindestmaß an kognitiven Fähigkeiten notwendig.

Offenheit für Neues: Ein Mindestmaß an Offenheit ist förderlich, um sich auf Blended Counseling einzulassen.

*Vertrauen zur*zum Berater*in:* Grundlage einer erfolgreichen Beratung ist auch im digitalen Setting eine gute Beratungsbeziehung, die es durch die*den Berater*in aktiv herzustellen bzw. aufzubauen gilt.

Die Konzeption von Blended Counseling startet in der Regel mit dem Blick auf die Klient*innen (vgl. dazu ausführlich Hörmann et al., 2023). Hilfreich sind dabei einige Leitfragen:

- Welche Zielgruppen können von Blended Counseling profitieren?
- Welche Zugänge zum Beratungsangebot werden erleichtert, verbessert oder geschaffen?
- Welche Zugänge im (laufenden) Beratungsprozess werden erleichtert, verbessert oder geschaffen?
- Bei welchen Zielgruppen besteht die Gefahr der Generierung oder Verstärkung eines Digital Gap, d. h. einer Erschwerung des Zugangs zum Unterstützungsangebot?

b) Die beratungsfachliche Dimension

Diese Dimension umfasst beratungsfachliche Überlegungen sowie Aspekte mit Blick auf die Beratungsperson mit ihren Qualifikationen, Kompetenzen, Umgebungsfaktoren sowie den methodischen Möglichkeiten im Beratungsprozess (vgl. Abbildung 2).

Die Aspekte der beratungsfachlichen Dimension werden nachfolgend kurz skizziert (vgl. dazu ausführlich Hörmann et al., 2023).

Beratungskonzept: In einem Konzept werden die Grundlagen des Blended Counseling beschrieben, z. B. mittels Blended Counseling-Szenarien, die als konzeptionelle Hintergrundfolie verstanden werden können.

Medienkompetenz: Die Medienkompetenz Blended Counseling ist Teil der beratungsfachlichen Dimension. Die Kompetenzbereiche werden in Kapitel 5 differenziert beschrieben.

Datenschutzkompetenz: Diese Kompetenz ist Bestandteil des Medienkompetenzmodells (vgl. Kapitel 5.5), wird jedoch aufgrund ihrer Bedeutung zusätzlich genannt.

Methodisches Vorgehen: Im engeren Sinne gibt es keine spezifischen Methoden für Blended Counseling, sondern es stellt sich eher die Frage, wie sich Methoden für das analoge und das digitale Setting prozessorientiert verknüpfen lassen.

Schriftliche Ausdrucksfähigkeit: Für die Mailberatung benötigen auch die Beratenden schriftliche Ausdrucksfähigkeit.

Flexibilität: Durch den Einsatz verschiedener synchroner und asynchroner Settings im Beratungsprozess erfordert Blended Counseling Flexibilität aufseiten der Berater*innen. Da eher schwer vorhersehbar ist, wie viele Anliegen für kürzere bzw. kurzfristige Beratungskontakte über die verschiedenen kommunikativen Kanäle eintreffen, ist es wichtig, solche „flexiblen Phasen“ im Wochenverlauf einzuplanen. Zugleich sollten die Antwortschnelligkeit und die Erreichbarkeit gegenüber den Klient*innen vorab transparent kommuniziert werden, auch um zu verdeutlichen, was möglich ist und wo die Grenzen liegen.

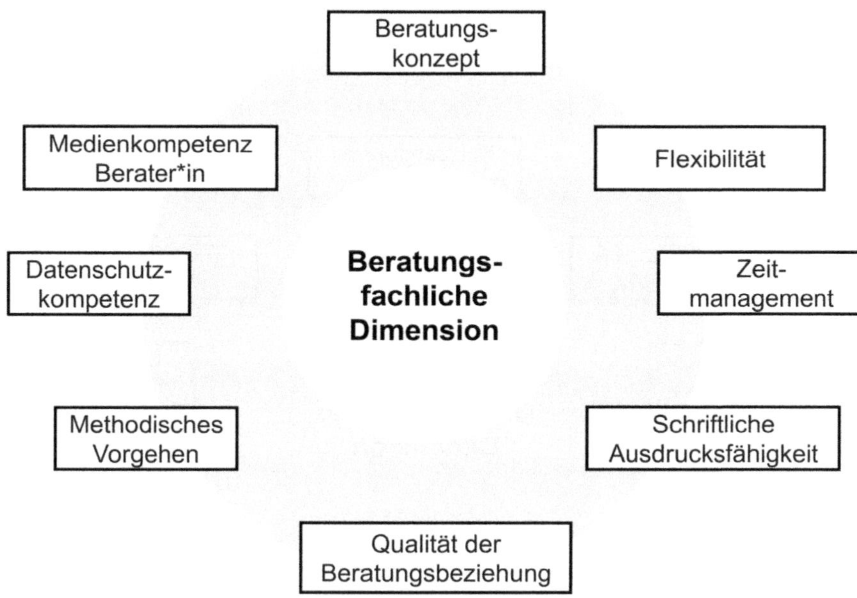

Abbildung 2: *Die beratungsfachliche Dimension von Blended Counseling (vgl. Hörmann et al., 2019, 2023)*

Zeitmanagement: Anknüpfend an die Flexibilität benötigt es ein gutes Zeitmanagement, um den Prozess im Blended Counseling vielfältig gestalten zu können.

Qualität der Beratungsbeziehung: Diese Basis einer „guten" Beratung gilt es durch die*den Berater*in aktiv herzustellen bzw. aufzubauen.

Mögliche Leitfragen, die die beratungsfachliche Dimension im Rahmen der Konzeptentwicklung konkretisieren, lauten:

- Wie gestalten sich mögliche Fallverläufe von Klient*innen?
- Welche Ausdifferenzierungen im Beratungsverlauf sind denkbar? Welche Vor- und Nachteile ergeben sich dadurch?
- Welche der benötigten Kompetenzen für Blended Counseling aufseiten der Beratungsperson sind bereits vorhanden? Welche gilt es (weiter-) zu entwickeln?

c) Die organisationale Dimension

Diese Dimension fokussiert die Organisation sowie den Rahmen für Blended Counseling und umfasst die in der Abbildung 3 aufgeführten Aspekte von Blended Counseling (BC). Einige Punkte sind sowohl hier als auch auf der beratungsfachlichen Dimension verortet, da sie jeweils andere Schwerpunkte dieses Aspekts beinhalten (vgl. dazu ausführlich Hörmann et al., 2023).

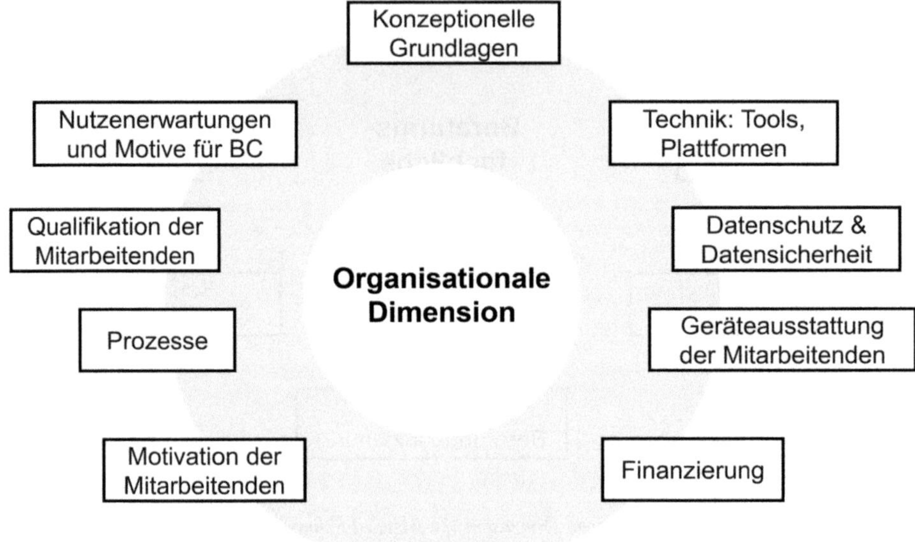

Abbildung 3: *Die organisationale Dimension von Blended Counseling (vgl. Hörmann et al., 2019, 2023)*

Konzeptionelle Grundlagen: Sie umfassen die Konkretisierung der Vorüberlegungen für Blended Counseling.

Nutzenerwartungen und Motive für Blended Counseling: Die Impactfaktoren (vgl. Punkt 2.2) beschreiben den organisationalen Mehrwert, der mit Blended Counseling erreicht werden soll.

Technik – Tools und Plattformen: Hier gilt es, Entscheidungen auf organisationaler Ebene zu treffen hinsichtlich der technischen Lösungen und ihrer Möglichkeiten. Relevante Kriterien sind dabei unter anderem die Vielfalt der kommunikativen Settings einer Plattform, die Klärung, inwieweit ein anonymer Zugang beraterisch sinnvoll ist und welche Level von Barrierefreiheit für die Zielgruppe relevant sind (vgl. dazu ausführlich Silfverberg & Hörmann, 2022).

Datenschutz und Datensicherheit: Hier gilt es organisational sicherzustellen, dass die Anforderungen an beraterische Vertraulichkeit/Datenschutz gewährleistet werden (vgl. dazu ausführlich Hörmann et al., 2023, Kapitel 4).

Geräteausstattung der Mitarbeitenden: Diese Voraussetzungen von Blended Counseling sind organisational zu klären und auf das Konzept abzustimmen.

Motivation der Mitarbeitenden: Da auch Mitarbeitende zumeist eine unterschiedliche Motivation für Blended Counseling zeigen, gilt es zu klären, wie Mitarbeitende, z. B. mittels Mentoring-Modellen, gewonnen werden können.

Qualifikation der Mitarbeitenden: Direkt daran anknüpfend gilt es, die Medienkompetenz der Mitarbeitenden einzuschätzen (vgl. dazu Kapitel 6) und die notwendigen Qualifizierungsmaßnahmen zu veranlassen.

Prozesse: Auf organisationaler Ebene sollte geklärt werden, welche Prozesse angepasst oder ggf. neu installiert werden sollten.

Finanzierung: Beratungsangebote werden häufig über geografische bzw. regionale Zuordnungen finanziert, eine Logik, die bei Onlineangeboten oder bei Blended Counseling nicht mehr funktioniert. Hier gilt es, gemeinsam mit den Geldgebern neue Finanzierungsmodelle zu entwickeln, die eine adäquate Erfassung von Beratungsleistungen im Blended-Format ermöglichen.

Die professionelle Realisierung dieser Aspekte schafft die Basis für eine qualifizierte Umsetzung von Blended Counseling. Zunächst wäre zu vermuten, dass organisationale Fragen vorab geklärt werden sollten. Dies ist nur teilweise richtig, denn die Verknüpfung aller Dimensionen im Prozess der konzeptionellen Grundlegung von Blended Counseling ist unabdingbar, um alle drei Perspektiven angemessen einbringen zu können (vgl. dazu ausführlich Hörmann et al., 2023).

2.2 Impactfaktoren und Szenarien als Grundlegung von Blended Counseling

Blended Counseling als systematische Prozessgestaltung basiert zudem auf der Identifizierung von Impactfaktoren, d. h. konkreten Überlegungen zum erhofften Nutzen. Dabei können allgemeine und handlungsfeldspezifische Impactfaktoren unterschieden werden (vgl. dazu ausführlich Hörmann et al., 2023). Allgemeine Impactfaktoren von Blended Counseling sind beispielsweise:

- ein niedrigschwelliger Zugang zum Beratungsangebot
- eine frühzeitige Klärung der Passung des Anliegens zum Angebot
- ein niedrigschwelliger Zugang während des laufenden Beratungsprozesses
- eine zeitliche und/oder räumliche Flexibilisierung des Beratungsverlaufs
- eine effiziente Nutzung der vorhandenen Ressourcen der Organisation und/oder der Berater*innen.

Neben diesen allgemeinen Impactfaktoren lassen sich auch handlungsfeldspezifische Faktoren identifizieren, wie zum Beispiel die folgenden beiden, die im Rahmen von Forschungs- und Dienstleistungsprojekten in enger Zusammenarbeit mit Berater*innen identifiziert wurden:

- Mütter- und Väterberatung: Flexibilisierung des Begleitprozesses, sodass sich intensivere Phasen der Beratung mit Phasen einer „Digital unterstützten Pause" abwechseln (vgl. Camenzind et al., 2021).
- Schwangerenberatung: Gewährleistung von Schutz und Sicherheit, sodass der Beratungsprozess auch bei eingeschränkter Mobilität oder unter Gesundheitsaspekten (Schutz vor Ansteckung[4]) fortgeführt werden kann.

Impactfaktoren sind also zentral für die konzeptionellen Überlegungen zu Blended Counseling, denn sie dienen bei der Szenarienentwicklung als Zielgröße, an der sich andere Aspekte ausrichten (vgl. dazu ausführlich Hörmann et al., 2023).

Ein Szenario dient als konzeptionelle Hintergrundfolie eines Beratungsverlaufs im Blended-Format und konkretisiert die konzeptionellen Überlegungen. Es umfasst folgende Elemente:

- Beschreibung Beratungskontext (z. B. Erziehungsberatung, betriebliche Sozialberatung)
- Beschreibung Klient*in (exemplarische Ausgangslage: Welche Klient*innen und Situationen bzw. Anliegen werden mit dem Szenario adressiert?)
- Potenzielle kommunikative Settings für Blended Counseling
  - Geräteausstattung Klient*in
  - Medienpräferenzen und Vorerfahrungen Klient*in
  - Ausstattung Beratungsstelle (Hard- und Software)
- Angestrebte Impactfaktoren
- Vorüberlegungen im Hinblick auf die Wahl des kommunikativen Settings im Beratungsprozess (basierend auf Verknüpfung von Medienpräferenzen Klient*innen und Beratenden sowie angestrebtem Impact)
- Anlässe für einen Wechsel des kommunikativen Settings im Beratungsprozess.

4 Die Impactfaktoren von Blended Counseling in der Schwangerenberatung wurden 2022 erarbeitet, sodass auch Erfahrungen aus der Pandemiesituation einflossen. Der Impactfaktor gilt aber auch grundsätzlich für den Schutz vor ansteckenden Krankheiten.

Mittlerweile wurden im Rahmen verschiedener Forschungs- und Dienstleistungsprojekten in unterschiedlichen Beratungsfeldern Blended Counseling-Szenarien entwickelt – zum Beispiel in der Suchtberatung (Hörmann et al., 2019), in der Mütter- und Väterberatung (Camenzind et al., 2021), in der betrieblichen Sozialberatung sowie in der Erziehungsberatung[5] – wobei die Szenarien der beiden letztgenannten Bereiche im Rahmen von Dienstleistungsprojekten gemeinsam mit Organisationen aus den jeweiligen Beratungsfeldern erarbeitet und deshalb nicht veröffentlicht wurden.

5 Voraussichtlich werden die Ergebnisse des Blended Counseling-Projektes in der Erziehungsberatung im 2. Halbjahr 2023 veröffentlicht.

3 Modelle zur Medienkompetenz und zu digitalen Kompetenzen

In diesem Kapitel werden die Kompetenzmodelle vorgestellt, die grundlegend für die Entwicklung des hier vorgestellten Medienkompetenzmodells Blended Counseling waren: die Dimensionen der Medienkompetenz nach Groeben (2002), die Kompetenzbereiche für Menschen in digitalen Gesellschaften nach Hartmann und Hundertpfund (2015) sowie der europäische „Digitale Kompetenzrahmen für Bürger*innen" DigComp (Vuorikari, Kluzer & Punie, 2022). Abschließend werden die Qualitätsstandards Onlineinterventionen der Föderation der Schweizer Psychologinnen und Psychologen (FSP, 2017) betrachtet.

Der Begriff der Medienkompetenz wird in unterschiedlichen Disziplinen verwendet und daher als theoretisches Konstrukt auch in verschiedener Weise verstanden. Aus entwicklungspsychologischer Sicht gilt der Erwerb von Medienkompetenz mittlerweile als universelle Entwicklungsaufgabe (vgl. Süss, 2008, S. 367). Der Begriff wurde ursprünglich von Baacke bereits 1973 eingeführt, der unter Medienkompetenz die Fähigkeit zur Medienkritik, -kunde, -nutzung und -gestaltung verstand (vgl. Süss, 2008, S. 362). Medienkompetenz kann zudem die Fähigkeit bedeuten, „Medien bewusst auszuwählen, kritisch zu hinterfragen und kreativ zu nutzen" (Süss, 2012, S. 220) oder auch „Medien kritisch, selbstbestimmt und verantwortlich zu nutzen, verstehen, bewerten und gestalten zu können" (Trepte & Reinecke, 2013, S. 205).

Zwischenzeitlich taucht im Diskurs zu Mediatisierung und Digitalisierung der Begriff der Digitalen Kompetenz fast häufiger auf als der der Medienkompetenz. Exemplarisch sei hier die Definition der Europäischen Kommission angeführt: „Digitale Kompetenz umfasst die sichere, kritische und verantwortungsvolle Nutzung von und Auseinandersetzung mit digitalen Technologien für die allgemeine und berufliche Bildung, die Arbeit und die Teilhabe an der Gesellschaft" (Europäische Kommission, 2018, S. 4).

Wenngleich es zwischenzeitlich weitere Modelle gibt (vgl. z. B. DQ Institute, 2022; Genner, 2019; Schmeling & Bruns, 2020), fokussiert dieses Kapitel auf die Modelle, die 2020/2021 im Rahmen der Modellentwicklung im Projekt Medienkompetenz als Basisvariable für Blended Counseling (Projekt MKBC) herangezogen wurden, da diese aus Sicht der Autorinnen alle relevanten Aspekte enthalten.

3.1 Das Medienkompetenzmodell von Groeben

Ein fundiertes theoretisches Konzept zur Medienkompetenz stammt von Groeben (2002). Es wird häufig rezipiert, da sein Konstrukt von mittlerer Reichweite ist und es explizit vorgesehen ist, dieses für verschiedene Anwendungsbereiche zu konkretisieren.

Nach Groeben sollen unter Medien „vor allem technologische Kommunikationsmittel bzw. -instrumente verstanden werden, ohne zu vernachlässigen, dass damit auch Sozialisationsinstanzen vorliegen, die das Selbst- und Weltbild der Individuen beeinflussen" (ebd., S. 160). Der Begriff „Medien" kann sich also sowohl auf Informations- und Unterhaltungsmedien, wie z. B. Filme, Bücher oder Blogeinträge, beziehen als auch Kommunikationsmedien meinen, wie z. B. E-Mail-, Messenger- und Telefondienste. Groeben weist darauf hin, dass der Kompetenzbegriff „normative Zielimplikationen" habe (ebd., S. 179), somit gehe es bei Medienkompetenzen auch immer „um Fertigkeiten und Fähigkeiten im Umgang mit Medien", die von Personen „entwickelt und damit erreicht werden *sollen*" (ebd.).

Groeben siedelt sein Modell der Medienkompetenz als theoretisches Konstrukt auf einem „mittleren Abstraktionsniveau" an (ebd., S. 160) und verweist darauf, dass es als Modell mittlerer Reichweite erlaubt, Medienkompetenz unabhängig von einzelnen Medien (z. B. Büchern, Filmen, Telefon, E-Mail etc.) theoretisch beschreibbar zu machen. Die Ansiedelung von Medienkompetenz auf einem mittleren Abstraktionsniveau vermeidet zu abstrakte Generalisierungen und zu starke Konkretisierungen von Teilaspekten. Damit bleiben die Dimensionen des Modells von Groeben flexibel gegenüber der fortlaufenden, zunehmenden Mediatisierung der Gesellschaft. Das Konzept verbindet bereits zuvor in der Literatur bestehende Subkonzepte von Medienkompetenz (wie z. B. auf einem bestimmten Niveau Lesen und Schreiben zu können, Medieninhalte einordnen zu können etc.) zu einer „systematischen Binnenstruktur" (ebd., S.161). Neben den qualitativen Teilbereichen (wie z. B. Kognition/Wahrnehmung, Emotion/Motivation, technische und soziale Handlungskomponenten) wird eine Prozessperspektive integriert, und zwar „von der Rezeption bis zur Kommunikation" (ebd., S.163). Insofern bauen die beschriebenen Dimensionen auch zu einem gewissen Grad – jeweils abhängig vom Anwendungsbereich des Modells – aufeinander auf. Durch die mittlere Reichweite und den prozessualen Aufbau eignet sich das Medienkompetenzmodell von Groeben als Grundlage für eine Konkretisierung der Kompetenzen für mediengestützte Kommunikation sowie für mediengestützte Beratung.

Die Dimensionen des Modells sollen

- die Zuordnung bestimmter Fähigkeiten und Fertigkeiten ermöglichen
- intensional bestimmt sein und zugleich über extensionale Offenheit verfügen und insofern offen sein für Ergänzungen zukünftiger theoretischer Weiterentwicklungen sowie
- bisherige theoretische Modellierungen kohärent integrieren (vgl. Groeben, 2002, S. 160–166).

Tabelle 1: *Dimensionen des Medienkompetenzmodells von Groeben (2002)*

Dimension 1	Dimension 2	Dimension 3	Dimension 4	Dimension 5	Dimension 6	Dimension 7
Medienwissen und Medialitätsbewusstsein	Medienspezifische Rezeptionsmuster	Medienbezogene Genussfähigkeit	Medienbezogene Kritikfähigkeit	Selektion/Kombination von Mediennutzung	(Produktive) Partizipationsmuster	Anschlusskommunikationen

Im Folgenden werden die sieben Dimensionen des Medienkompetenzmodells von Groeben zunächst zusammenfassend beschrieben und es wird für die einzelnen Dimensionen von Medienkompetenz eine erste Konkretisierung für den Beratungskontext skizziert.[6] Dadurch kann das Abstraktionsniveau verringert und die Basis für die Operationalisierung des Modells im Kontext von mediengestützter Beratung bzw. Beratung im digitalen Setting gelegt werden.

a) Medienwissen und Medialitätsbewusstsein

Die erste Dimension umfasst das „Medialitätsbewusstsein“ und das „Medienwissen“ (Groeben, 2002, S. 166). Medialitätsbewusstsein meint, dass eine Person sich darüber bewusst ist, sich in einem medialen Setting zu bewegen, welches sich von der realen Lebenswelt unterscheidet.

Medienwissen bezieht sich auf Wissen zu

- den wirtschaftlichen, rechtlichen und politischen Rahmenbedingungen eines Mediums
- den Arbeits- und Operationsweisen eines Mediums

6 Eine erste Fassung der Konkretisierung für den Blended Counseling-Kontext erfolgte im Frühjahr 2020 durch Patricia Flammer.

- der inhaltlichen Bewertung der Intention eines Mediums und
- den Wirkweisen eines Mediums auf die Nutzenden (ebd., S. 166ff.).

Medialitätsbewusstsein einer Beratungsperson wird also aufgefasst als das Verständnis darüber, dass eine Beratung über Distanz sich von der Beratung vor Ort unterscheidet und es demzufolge andere bzw. zusätzliche Kompetenzen für professionelle Beratung im digitalen Setting benötigt. Dieses Bewusstsein ist die Voraussetzung für eine fundierte Auseinandersetzung mit den verfügbaren kommunikativen Settings und für ein professionelles Verständnis von mediengestützter Beratung.

Für das Medienwissen in der Beratung sind insbesondere die rechtlichen Rahmenbedingungen zentral, da sich professionelle Beratung am rechtlichen Rahmen ausrichtet (z. B. Datenschutz). Das Wissen über „spezifische Arbeits- und Operationsweisen von bestimmten Medien" zählt nach Groeben (ebd., S. 167) ebenfalls zum Medienwissen und beinhaltet im Beratungskontext, dass spezifisches Wissen über die jeweiligen Möglichkeiten und Grenzen eines kommunikativen Settings erforderlich ist. Dies umfasst beispielsweise die Kenntnis der Möglichkeiten zur Interaktion mit Klient*innen sowie der möglichen Herausforderungen von Kommunikation und Beratung mittels Video, Telefon, Mail, Chat oder Messenger.

b) Medienspezifische Rezeptionsmuster

Die zweite Dimension des Medienkompetenzmodells von Groeben umfasst die „medienspezifischen Rezeptionsmuster" (ebd., S. 168), d. h.

- die technologisch-instrumentellen Fertigkeiten (z. B. die Inbetriebnahme eines Geräts oder die Nutzung eines Kommunikationsmediums)
- die kognitiven Verarbeitungsmuster und
- den Aufbau spezifischer Erwartungen bezüglich der Nutzung eines Mediums (ebd., S. 168ff.).

In einem medienunterstützten Beratungsprozess gehören zu den technologisch-instrumentellen Fertigkeiten z. B. die Inbetriebnahme und Nutzung von Geräten und Software sowie die gezielte Nutzung von kommunikativen Settings wie E-Mail, Chat, Messenger, Telefon und Videokommunikation.

Unter kognitiven Verarbeitungsmustern versteht Groeben z. B. die Art und Weise, wie Inhalte segmentiert und zusammengefasst werden können. Auch der Aufbau von (medien-)angebotsspezifischen Erwartungen wird hier beschrieben. Die Motivation zum Aufbau solcher Erwartungen basiert stark auf der Funktion für die eigene Mediennutzung, sprich die Vermeidung negativer Effekte und die Maximierung positiver

Effekte (vgl. ebd., S. 170ff.). Damit beziehen sich die beiden letzten Teilbereiche eher auf Massenmedien bzw. Unterhaltungsmedien. Die Konkretisierung der zweiten Dimension für medienunterstützte Beratung fokussiert demzufolge die technologisch-instrumentellen Fähigkeiten einer Beratungsperson, also inwiefern sie in der Lage ist, digitale Tools und Plattformen richtig und mit angemessenem zeitlichen Aufwand einzusetzen.

c) Medienbezogene Genussfähigkeit

Die dritte Dimension im Modell von Groeben (2002, S. 170) fokussiert die „medienbezogene Genussfähigkeit", also die Möglichkeit, die Nutzung eines Mediums als positiv besetzt zu erleben. Die Genussfähigkeit bezieht sich sowohl auf kognitive Aspekte als auch auf emotionale und motivationale Aspekte (ebd., S. 170ff.). Die Möglichkeit genussvollen Erlebens kann motivational ein entscheidender Faktor für die Aufnahme und Aufrechterhaltung der Mediennutzung sein.

Im Zusammenhang mit Beratung umfasst diese Dimension zunächst die Medienaffinität aufseiten der Beratenden, d. h. die grundlegende motivationale Haltung und der eigene (auch emotionale) Bezug im Hinblick auf die Nutzung digitaler Medien. Darauf aufbauend gehören auch die Bereitschaft von Beratungspersonen dazu, digitale Tools im Beratungsprozess einzusetzen, sowie die Bereitschaft von Ratsuchenden, sich auf mediengestützte Beratung einzulassen.

d) Medienbezogene Kritikfähigkeit

„Medienbezogene Kritikfähigkeit" als vierte Dimension stellt den „klassischen Kernbereich praktisch aller Medienkompetenz-Konzeptionalisierungen" dar (ebd., S. 172). Im Zentrum dieser Dimension stehen kognitive Analyse- und Bewertungsfähigkeiten. Die medienbezogene Kritikfähigkeit kann sich sowohl auf inhaltliche wie formale Aspekte beziehen als auch auf die Fähigkeit zur ethischen Reflexion der Mediennutzung. Insgesamt setzt die medienbezogene Kritikfähigkeit u. a. das in der ersten Dimension eingeführte Medienwissen voraus (ebd., S. 172ff.).

Mit Blick auf das Setting eines Beratungsprozesses erscheint diese Dimension zentral. Einerseits werden kognitive Analyse- und Bewertungsfähigkeiten thematisiert, was wiederum Medienwissen voraussetzt. Diese Fähigkeiten ermöglichen es, eine eigenständige, begründete Position zu medial vermittelten (Beratungs-)Angeboten einzunehmen, und zwar auf inhaltlicher wie formaler Ebene. Es geht also darum, verschiedene Medien im Beratungsprozess einordnen und kritisch bewerten zu können. Andererseits wird die ethische Reflexion als normative Zielperspektive von Medienkompetenz angesprochen und damit die Fähigkeit der Beratungsperson, die Nutzung digitaler Medien ethisch reflektieren zu können.

e) Selektion/Kombination von Mediennutzung

Als fünfte Dimension wird die Kompetenz der „Selektion von Mediennutzung" und anschließend der „Kombination von Mediennutzung" eingeführt. Geht es bei der Selektion um die Entscheidungskompetenz als „Orientierungsfähigkeit" (ebd., S. 175) zwischen und innerhalb unterschiedlicher Medien, so umfasst die Kombination von Mediennutzung die Fähigkeit, Medien als gesellschaftlich handlungsfähiges Subjekt – und damit auch bedürfnisgerecht und zielführend – kombinieren zu können (ebd., S. 176). Diese Dimension setzt wiederum Medienwissen und technisch-instrumentelle Fähigkeiten voraus.

In der Beratung mit digitalen Medien umfasst die fünfte Dimension die Fähigkeit einer Beratungsperson, aus einer Vielzahl von digitalen Medien und daraus abgeleiteten Kommunikationsmöglichkeiten das für die jeweilige Bedürfnislage, Zielsetzung und Anliegen adäquate Setting auswählen zu können. Dies erfordert auch Orientierungskompetenz als Grundlage – also die Fähigkeit, erfolgreich navigieren zu können, um sich zwischen digitalen Medien entscheiden und sich innerhalb von digitalen Räumen bewegen zu können.

f) Produktive Partizipationsmuster

Die sechste Dimension bezieht sich auf „(produktive) Partizipationsmuster" (ebd., S. 176) und betont die Bedeutung der aktiven Partizipation in der Mediennutzung – sei es die Auswahl eines Buches oder die wechselseitige Kommunikation per E-Mail (ebd.). Außerdem wird die wachsende Bedeutung „selbst hergestellter oder selbst bearbeiteter Medienprodukte" (ebd., S. 177) betont. Innerhalb der aktiven Partizipation beschreibt Groeben Aspekte von Produktivität. Zum Beispiel entwickeln sich je nach Medium „gruppensprachliche Wortschatz- und Zeichenkonventionen" (ebd., S. 177), die erlernt werden müssen, oder es besteht je nach Setting die Möglichkeit, spielerisch neue Identitäten zu schaffen (ebd.). Damit bezeichnet die (produktive) Partizipation die Fähigkeit, sich aktiv an der (gemeinsamen) Mediennutzung zu beteiligen. Diese Beteiligung erfolgt auf einem „Kontinuum zwischen Aktivität und Produktivität" (ebd., S. 178).

Die Dimension der (produktiven) Partizipationsmuster ist für mediengestützte Beratung insofern relevant, als jede mediale Rezeption eine aktive Konstruktion von Bedeutung darstellt. Auch das Erlernen medienspezifischer „Zeichen- und Wortschatzkonventionen" (z. B. in der Chat- und Messengerkommunikation) oder das Potenzial, fiktive neue Identitäten aufzubauen (z. B. in der anonymen Nutzung von digitalen Beratungsplattformen), sind Aspekte aktiver Partizipation. Dies bedeutet auch, dass verschiedene kommunikative Settings verschiedene Vorgehensweisen verlangen können (kurze oder lange Texte, weniger oder mehr Rückfragen etc.). Entsprechend kann als

„produktives Partizipationsmuster“ in der Beratung mit digitalen Medien verstanden werden, dass ein*e Berater*in in der Lage ist, sich dem Gegenüber anzupassen hinsichtlich der Art zu kommunizieren. Dadurch kann sich die Kommunikation im weiteren Beratungsprozess gemeinsam mit den Klient*innen entwickeln.

g) Anschlusskommunikationen

Die „Anschlusskommunikationen“ als siebte und letzte Dimension (ebd., S. 178) bezeichnet die Kommunikation, die außerhalb bzw. nach der eigentlichen Mediennutzung, jedoch bezogen auf die stattgefundene Mediennutzung erfolgt. Anschlusskommunikationen gelten als Grundlage, um die Mediennutzung insgesamt zu verarbeiten und Medienkompetenz über alle Dimensionen hinweg aufzubauen. So steht die Anschlusskommunikation zwar prozessual gesehen am Schluss, ist aber „zugleich strukturell eine Voraussetzung“ (ebd., S. 179) für die längerfristige Entwicklung der übrigen Teildimensionen.

Bei einem Beratungsprozess im digitalen Setting und insbesondere im Blended Counseling ist die Reflexion der Nutzung der eingesetzten digitalen Medien im Anschluss an die Kommunikation von zentraler Bedeutung. Daran anknüpfend ist die Fähigkeit wesentlich, aus dieser Reflexion Schlüsse für die zukünftige Nutzung unterschiedlicher kommunikativer Settings in einem Beratungsprozess ziehen zu können.

Die hier skizzierten Dimensionen von Medienkompetenz nach Groeben waren grundlegend für die Entwicklung des Medienkompetenzmodells, was in den Kapiteln 4 und 5 weiter ausgeführt wird.

3.2 Kompetenzbereiche für Menschen in digitalen Gesellschaften nach Hartmann und Hundertpfund

Im Verlauf der letzten zwanzig Jahre hat sich im Kontext des Megatrends Digitalisierung der gesellschaftliche Diskurs zu digitalen Kompetenzen weiterentwickelt. Zentral war dabei auch die Frage, über welche Kompetenzen Menschen in einer stark digital geprägten Gesellschaft verfügen sollten (vgl. z. B. Bundesministerium für Bildung und Forschung [BMBF], 2010). Da das Modell von Groeben aus dem Jahr 2002 stammt, war es sinnvoll, ein weiteres und aktuelleres Modell ergänzend hinzuzuziehen: Hartmann und Hundertpfund (2015) konkretisierten – zunächst für den pädagogischen Kontext – „Kompetenzbereiche für Menschen in digitalen Gesellschaften“. Dabei handelt es sich weniger um ein ausdifferenziertes Medienkompetenzmodell als vielmehr um eine breit gefasste Zusammenstellung von insgesamt zehn Bereichen, die notwendige digitale Kompetenzen konkretisieren. Diese Bereiche ergänzen in geeigneter Weise die Dimensionen des Medienkompetenzmodells von Groeben mit Blick auf mediengestützte Kommunikations- und Beratungskompetenzen.

Im Folgenden wird das Modell digitaler Kompetenz nach Hartmann und Hundertpfund (2015) kurz erläutert. Die Autoren setzen sich mit der Frage auseinander, „über welche Kompetenzen man in einer digital geprägten Gesellschaft verfügen muss, um am Arbeitsmarkt erfolgreich teilnehmen und sich im gesellschaftlichen und privaten Umfeld selbstbestimmt bewegen zu können" (ebd., S. 7). Insgesamt werden diese zehn Kompetenzdimensionen beschrieben:

Tabelle 2: *Dimensionen digitaler Kompetenz nach Hartmann und Hundertpfund (2015)*

Dimension 1	Dimension 2	Dimension 3	Dimension 4	Dimension 5
Information und Wissen – Verwesentlichung	Soziale Intelligenz und Verständigung	Kritisches und flexibles Denken	Umgang mit kultureller und sozialer Vielfalt	Abstraktion und Modellbildung
Dimension 6	**Dimension 7**	**Dimension 8**	**Dimension 9**	**Dimension 10**
Nutzung digitaler Werkzeuge	Rollenbilder privat, beruflich und öffentlich	Kreatives, produktives Denken	Informelles und selbstbestimmtes Lernen	Virtuelle Zusammenarbeit

In der nachfolgenden Beschreibung werden ausschließlich diejenigen Kompetenzen skizziert, die sich explizit auf digitale Kommunikations- und Kooperationsprozesse beziehen und so eine passende Grundlage bieten, um die Dimensionen des Medienkompetenzmodells von Groeben mit Blick auf mediengestützte Kommunikations- und Beratungskompetenzen anzureichern. In Kapitel 4 wird beschrieben, wie die Dimensionen von Groeben mit den als relevant erachteten Kompetenzen aus dem Modell von Hartmann und Hundertpfund im Rahmen des Medienkompetenzmodells Blended Counseling zusammengeführt wurden.

a) Soziale Intelligenz und Verständigung (Dimension 2)

Dieser Kompetenzbereich umfasst die Fähigkeit, sich mit anderen über digitale Medien auf direkte und vertiefte Weise zu verständigen, Stimmungen und Reaktionen zu erfassen und zu fördern sowie Bedürfnisse zu erkennen (ebd., S. 28–44). Dabei kann es darum gehen, einen kompetenten Umgang mit dem Ablenkpotenzial von digitalen Medien zu entwickeln, via Web neue Kontakte oder Netzwerke zu knüpfen (z. B. um

Informationen zu beschaffen oder ein Projekt anzugehen) oder bei eigenen Äußerungen in den Sozialen Medien überlegt vorzugehen.

Für eine*n Berater*in ist für gelingende Hilfe und Unterstützung im digitalen Setting die Fähigkeit zentral, auch über digitale Medien Stimmungen und Reaktionen zu erfassen und Bedürfnisse des Gegenübers zu erkennen und zu berücksichtigen.

b) Umgang mit kultureller und sozialer Vielfalt (Dimension 4)

In diesem Kompetenzbereich geht es um die Fähigkeit, sich in unterschiedlichen sozialen und kulturellen Situationen zu bewegen und die Sichtweisen und Denkmuster anderer zu akzeptieren (ebd., S. 57–67).

Dem Umgang mit kultureller und sozialer Vielfalt ist auch bei mediengestützter Beratung Rechnung zu tragen. Trotz der Verbreitung digitaler Medien in der Gesellschaft können bestimmte Personen – auch aufgrund ihres kulturellen und/oder sozialen Hintergrundes – bestimmte Kommunikationssettings bevorzugen bzw. ablehnen oder anders nutzen (vgl. Camenzind et al., 2021). Insofern ist die Fähigkeit, die Vielfalt von Lebenslagen und Kulturen im Hinblick auf die Medienwahl im Beratungsprozess adäquat zu berücksichtigen, ein wesentlicher Aspekt der digitalen Kompetenz einer Beratungsperson.

c) Nutzung digitaler Werkzeuge (Dimension 6)

Dieser Kompetenzbereich bezieht sich auf die Fähigkeit, digitale Werkzeuge und mediale Formen zu nutzen, sie für eine überzeugende Kommunikation einzusetzen und ihre Anwendung kritisch zu hinterfragen. Dabei geht es auch darum, synchrone und asynchrone Kommunikationsmöglichkeiten zu verwenden und diese – abgestimmt auf Ziel und Prozess – für virtuellen Austausch und Zusammenarbeit zu gebrauchen. Hierbei wird sowohl die Fähigkeit, Geräte und Programme zu bedienen, als auch die Entwicklung eines konzeptionellen Wissens über die Nutzung betont. Letzteres ermöglicht bei einem Wechsel eines Geräts oder Programmes den Transfer in ein neues digitales Setting sowie das Erkennen von Chancen und Risiken (Hartmann & Hundertpfund, 2015, S. 87–102).

Blended Counseling basiert auf der gezielten Kombination kommunikativer Settings in einem Beratungsprozess. Insofern ist der angesprochene Kompetenzbereich bedeutsam, denn es finden sich in diesem Kompetenzbereich sowohl technologisch-instrumentelle Fähigkeiten als auch konzeptionelle Aspekte, z. B. die Bewusstheit, dass sich mediengestützte Beratung von Beratung vor Ort unterscheidet sowie das Wissen über die Chancen und Herausforderungen der verschiedenen kommunikativen Settings. Bezogen auf Blended Counseling zeigt sich die Fähigkeit zur Nutzung digitaler Werkzeuge, wenn eine Beratungsperson in der Lage ist, kommunikative Settings für den Beratungsprozess zu wählen, die den Bedürfnissen der Klient*innen sowie dem Beratungsziel angepasst sind.

d) Virtuelle Zusammenarbeit (Dimension 10)

Dieser Kompetenzbereich bezieht sich auf die Fähigkeit, digitale Medien so einzusetzen, dass ortsunabhängig erfolgreich zusammengearbeitet werden kann (ebd., S. 138–166). Digitale Medien können gezielt in die Kooperation eingebunden werden. Dies ist ein zentraler Aspekt für die Zusammenarbeit von Beratungsperson und Klient*innen sowie weiteren involvierten Personen in einem Beratungs- oder Hilfesystem.

3.3 Der europäische „Digitale Kompetenzrahmen für Bürger*innen" (DigComp)

Neben den bisher angeführten Modellen von Groeben sowie Hartmann und Hundertpfund wurde im Rahmen des Projekts der von der Europäischen Kommission vorgelegte „Digitale Kompetenzrahmen für Bürgerinnen und Bürger – DigComp" (Vuorikari et al., 2022) vertieft in die Modellentwicklung einbezogen.[7] Ein Grund dafür war, dass dieser Kompetenzrahmen – ähnlich wie das Modell von Groeben – so konzipiert ist, dass er explizit für konkrete Anwendungsbereiche genutzt und diesbezüglich operationalisiert werden soll. So gibt es zwischenzeitlich beispielsweise Konkretisierungen für Lehrende (DigCompEdu) (vgl. Redecker & Punie, 2017, 2019), für Bildungseinrichtungen (DigCompOrg) oder für den Arbeitsmarkt (DigComp at work) (vgl. O'Keeffe, Centeno & Kluzer, 2020, S. 7).

Der allgemeine Kompetenzrahmen DigComp operationalisiert, welche Kriterien erfüllt sein sollten, um als digital kompetent zu gelten, bzw. über welche Kenntnisse, Fertigkeiten und Einstellungen Bürger*innen verfügen sollten (vgl. Vuorikari et al., 2022; Europäische Kommission, 2018; Carretero, Vuorikari & Punie, 2017). Die fünf Kompetenzbereiche im DigComp werden wie folgt konkretisiert (vgl. Vuorikari et al., 2022, S. 4):

7 Das Schweizer Bundesamt für Statistik (BFS) orientiert sich in seinen statistischen Erhebungen ebenfalls an den Kompetenzbereichen des europäischen Referenzrahmens DigComp, um eine Vergleichbarkeit zu gewährleisten (BFS, 2018, S. 4).

Tabelle 3: *Kompetenzbereiche im Digitalen Kompetenzrahmen für Bürger*innen*

1	2	3	4	5
Informations- und Datenkompetenz	Kommunikation und Zusammenarbeit	Erstellung digitaler Inhalte	Sicherheit und Wohlergehen	Problemlösung

Diese Bereiche werden jeweils durch drei bis sechs Kompetenzformulierungen konkretisiert, sodass das Modell insgesamt 21 Kompetenzen umfasst. Jede Kompetenz wird auf einer Entwicklungsskala von der Basiskompetenz bis zum hochspezialisierten Level in acht möglichen Stufen beschrieben.

Tabelle 4: *Kompetenzen des Kompetenzbereichs 2 „Kommunikation und Zusammenarbeit"*

2.1 Interacting through digital technologies	To interact through a variety of digital technologies and to understand appropriate digital communication means for a given context.
2.2 Sharing information and content through digital technologies	To share data, information and digital content with others through appropriate digital technologies. To act as an intermediary, to know about referencing and attribution practices.
2.3 Engaging in Citizenship through digital technologies	To participate in society through the use of public and private digital services. To seek opportunities for self-empowerment and for participatory citizenship through appropriate digital technologies.
2.4 Collaborating through digital technologies	To use digital tools and technologies for collaborative processes, and for co-construction and co-creation of data, resources and knowledge.
2.5 Netiquette	To be aware of behavioural norms and know-how while using digital technologies and interacting in digital environments. To adapt communication strategies to the specific audience and to be aware of cultural and generational diversity in digital environments.
2.6 Managing digital identity	To create, and manage one or multiple digital identities, to be able to protect one's own reputation, to deal with the data that one produces through several digital tools, environments and services.

Für den Anwendungskontext Beratung sind die Bereiche „Kommunikation und Zusammenarbeit", „Sicherheit und Wohlergehen" sowie „Problemlösung" von besonderem Interesse (vgl. Hörmann & Tschopp, 2021), die im Folgenden näher vorgestellt werden.

Der Bereich „Communication and collaboration"[8] umfasst sechs Einzelkompetenzen, die im Framework wie folgt konkretisiert werden, siehe Tabelle 4 (vgl. Vuorikari et al., 2022, S. 15–26).

Für den Beratungskontext und ein entsprechendes Kompetenzmodell sind in diesem Kompetenzbereich insbesondere die Kompetenzen 2.1, 2.4 und 2.5 von Bedeutung:

Interaktion mithilfe digitaler Technologien: Hier geht es um die Fähigkeit, die Interaktion mithilfe digitaler Technologien gestalten zu können und über ein Verständnis für geeignete digitale Kommunikationsmittel in einem bestimmten Kontext zu verfügen.

Zusammenarbeit mithilfe digitaler Technologien: Hier geht es um die Nutzung digitaler Werkzeuge und Technologien für kollaborative Prozesse und für die gemeinsame Konstruktion und Erstellung von Daten, Ressourcen und Wissen. Wird Beratung als Prozess der Ressourcenförderung verstanden, so greift dieser Aspekt hier.

Die *Netiquette* umfasst hier die Fähigkeit, sich der Verhaltensnormen und des Knowhows bei der Nutzung digitaler Technologien und der Interaktion in digitalen Umgebungen bewusst zu sein. Dies beinhaltet auch, die eigenen Kommunikationsstrategien an das jeweilige Publikum anzupassen und sich der kulturellen und generationellen Vielfalt in digitalen Umgebungen bewusst zu sein.

In Kompetenz 2.3 wird zudem der Aspekt von Teilhabe betont, der – je nach Anliegen – auch in der Beratung eine Rolle spielen kann.

Der Bereich „Safety" umfasst vier Einzelkompetenzen, die im Framework wie folgt konkretisiert werden (vgl. Vuorikari et al., 2022, S. 35–42):

8 Die ausführliche Fassung des DigComp liegt ausschließlich auf Englisch vor, sodass die Kompetenzformulierungen hier entsprechend referiert werden (vgl. Vuorikari et al., 2022, oder https://joint-research-centre.ec.europa.eu/digcomp/digcomp-framework_en). In deutscher Übersetzung gibt es lediglich einen kurzen Flyer mit einer Darstellung der fünf Kompetenzbereiche. Der DigCompEdu wurde vollständig auf Deutsch übersetzt (Redecker & Punie, 2019).

Tabelle 5: *Kompetenzen des Kompetenzbereichs 4 „Sicherheit und Wohlergehen"*

4.1 Protecting devices	To protect devices and digital content, and to understand risks and threats in digital environments. To know about safety and security measures and to have a due regard to reliability and privacy.
4.2 Protecting personal data and privacy	To protect personal data and privacy in digital environments. To understand how to use and share personally identifiable information while being able to protect oneself and others from damages. To understand that digital services use a "Privacy policy" to inform how personal data is used.
4.3 Protecting health and well-being	To be able to avoid health-risks and threats to physical and psychological well-being while using digital technologies. To be able to protect oneself and others from possible dangers in digital environments (e. g. cyber bullying). To be aware of digital technologies for social well-being and social inclusion.
4.4 Protecting the environment	To be aware of the environmental impact of digital technologies and their use.

Für den Beratungskontext und ein entsprechendes Kompetenzmodell sind in diesem Kompetenzbereich insbesondere die Kompetenzen 4.2 und 4.3 von Bedeutung:

Der *Schutz der persönlichen Daten und der Privatsphäre in digitalen Umgebungen* hat für Beratung einen hohen Stellenwert, weshalb Beratende in der Lage sein sollten, auch im digitalen Setting ein hohes Maß an Vertraulichkeit zu gewährleisten.

Der *Schutz von Gesundheit und Wohlbefinden* ist insofern relevant, als Beratung auf eine Wiederherstellung oder Stabilisierung von Wohlbefinden zielt.

Der Kompetenzbereich „Problem Solving" umfasst vier Einzelkompetenzen, die im Framework wie folgt konkretisiert werden (vgl. Vuorikari et al., 2022, S. 43–49):

Tabelle 6: *Kompetenzen des Kompetenzbereichs 5 „Problemlösung"*

5.1 Solving technical problems	To identify technical problems when operating devices and using digital environments, and to solve them (from trouble-shooting to solving more complex problems).
5.2 Identifying needs and technological responses	To assess needs and to identify, evaluate, select and use digital tools and possible technological responses and to solve them. To adjust and customise digital environments to personal needs (e. g. accessibility).
5.3 Creatively using digital technologies	To use digital tools and technologies to create knowledge and to innovate processes and products. To engage individually and collectively in cognitive processing to understand and resolve conceptual problems and problem situations in digital environments.
5.4 Identifying digital competence gaps	To understand where one's own digital competence needs to be improved or updated. To be able to support others with their digital competence development. To seek opportunities for self-development and to keep up-to-date with the digital evolution.

Für den Beratungskontext und ein entsprechendes Kompetenzmodell sind in diesem Kompetenzbereich insbesondere die Aspekte der Kompetenzen 5.2 und 5.4 von Bedeutung:

Identifizierung von Bedürfnissen und technologischen Antworten: Hier geht es um die Fähigkeit, bei der Beratung im digitalen Setting Bedürfnisse einzuschätzen und digitale Hilfsmittel und geeignete technische Lösungen zu identifizieren, zu bewerten, auszuwählen sowie zu nutzen und dabei die Bedürfnisse des Gegenübers zu berücksichtigen.

Zudem gilt es für Beratende, *die eigene digitale Kompetenz zu reflektieren*, d. h. zu verstehen, wo diese verbessert oder aktualisiert werden sollte. Dies umfasst auch, Klient*innen bei der Entwicklung ihrer digitalen Kompetenz zu unterstützen.

Für die Konkretisierung im Entwicklungsprozess des Kompetenzmodells Blended Counseling wurde zudem der DigCompEdu herangezogen (vgl. Redecker & Punie, 2017, 2019). Dafür waren folgende Aspekte ausschlaggebend (vgl. Hörmann & Tschopp, 2021):

- Da Bildung und Beratung häufig konzeptionelle Schnittmengen aufweisen, wurde davon ausgegangen, dass Kompetenzformulierungen für digitale Bildungskontexte auch Anregungen für digitale Beratung enthalten.

❖ Es wird zwischen Kompetenzen von Lehrenden allgemein und spezifischen Kompetenzen zur Förderung der digitalen Kompetenzen von Lernenden differenziert, was sich als Grundstruktur auf Beratung übertragen lässt, wenn ebenfalls spezifische Kompetenzen zur Förderung der Medienkompetenz von Klient*innen formuliert werden (vgl. Kapitel 5.7).

Tabelle 7: *Ableitungen beraterischer Kompetenzen aus dem DigCompEdu (Hörmann & Tschopp, 2021, S. 23)*

Kompetenzbereich	Kompetenz	Konkretisierung für digitale Beratung
Berufliches Engagement	Reflektierte Praxis	Die eigene digitale Praxis individuell und gemeinsam reflektieren, selbstkritisch beurteilen und aktiv entwickeln.
Digitale Ressourcen	Auswählen digitaler Ressourcen	Auswahl, Identifizierung und Auswertung digitaler Ressourcen für den Beratungsprozess; Berücksichtigung von Beratungsziel, Kontext, Beratungsansatz und Unterstützung der Klient*in bei der Auswahl digitaler Ressourcen und der Planung ihrer Nutzung
	Schützen digitaler Ressourcen	Sensible digitale Inhalte effektiv schützen; Datenschutz- und Urheberrechtsbestimmungen respektieren und korrekt anwenden
Orientierung am Klienten/an der Klientin	Digitale Teilhabe	Gewährleisten, dass alle Ratsuchenden, auch solche mit besonderen Bedürfnissen, Zugang zur Beratung haben; (Digitale) Erwartungen, Fähigkeiten, Vorkenntnisse und Missverständnisse der Ratsuchenden berücksichtigen sowie kontextbezogene, physische oder kognitive Einschränkungen bei der Mediennutzung bedenken.
	Differenzierung und Individualisierung	Nutzung von digitalen Medien, um unterschiedlichen Bedürfnissen der Klient*innen gerecht zu werden, indem ihnen ermöglicht wird, im Beratungsprozess in vielfältigen kommunikativen Settings fortzuschreiten, ihr individuelles Ziel zu erreichen und individuelle Lösungswege einzuschlagen.

In den Kompetenzformulierungen des DigComEdu finden sich einige, die für Beratung (in der Sozialen Arbeit) eine besondere Bedeutung haben, wie beispielsweise die Digitale Teilhabe, die Differenzierung und Individualisierung, die Reflektierte Praxis, das Auswählen digitaler Ressourcen sowie das Schützen digitaler Ressourcen (vgl. Redecker & Punie, 2019). Dazu wurden in einem Projekt 2020/2021 bereits erste Ableitungen für Beratung vorgenommen (Hörmann & Tschopp, 2021).

3.4 Kompetenzen für Onlineinterventionen

Im Rahmen der Recherche zu vorliegenden Kompetenzmodellen für den Umgang mit digitalen Medien wurden auch Kompetenzformulierungen für die Onlineberatung näher betrachtet. Dabei sind verschiedene Aspekte in den Fokus genommen worden: Wenzel (2013) ist der Ansicht, dass eine Weiterentwicklung eines Beratungsangebots hin zu einem Onlineberatungs- bzw. Blended Counseling-Angebot „zunächst einer Erweiterung der Medienkompetenz seitens der Professionellen“ (ebd., S. 108) bedürfe. Eichenberg und Kühne (2014) gehen davon aus, dass die zu entwickelnden Kompetenzbereiche in die Bereiche Onlinekommunikation, Onlineberatung und Wissen zu rechtlichen und organisatorischen Rahmenbedingungen aufzuteilen seien (ebd., S. 196). Engelhardt und Storch (2013) möchten ein Bewusstsein dafür schaffen, „dass die verschiedenen ... Beratungsszenarien eine Fülle von Kompetenzen der Berater/-innen erfordern“ (ebd., S. 10).

Kompetenzprofile für Onlineberatung oder Onlineinterventionen finden sich in unterschiedlichen Operationalisierungen beispielsweise bei Engelhardt (2013), bei der Deutschsprachigen Gesellschaft für Onlineberatung (DGOB, 2020) oder bei der Föderation der Schweizer Psychologinnen und Psychologen (FSP). In den Qualitätsstandards für Onlineinterventionen der FSP werden auch Kompetenzen für beraterische Interventionen im digitalen Setting formuliert. Das Ziel dieser Qualitätsstandards für (psychologische) Onlineinterventionen ist einerseits, Fachpersonen klare Orientierungspunkte zu geben – auf der beraterischen, technischen und rechtlichen Ebene. Andererseits sollen die Qualitätsstandards potenziellen Klient*innen dazu dienen, fachlich ausgewiesene Angebote zu erkennen (FSP, 2017, S. 1). Aufgrund der praxisnahen Ausrichtung der Qualitätsstandards wurden insbesondere die dort genannten Kompetenzen für Onlineberatung für die Entwicklung des Medienkompetenzmodells Blended Counseling herangezogen, weshalb eine nähere Betrachtung der Qualitätsstandards an dieser Stelle hilfreich sein kann.

Neben Qualitätsstandards in den Bereichen Transparenz, Grenzen von Onlineberatung, Vertraulichkeit und Datenschutz sowie Berufsethik werden im Dokument auch spezifische Kompetenzen angeführt, welche Fachpersonen mitbringen sollten, die Beratung mittels digitaler Medien anbieten (FSP, 2017, S. 12).

Darüber hinaus werden neben einem Studium und einer Weiterbildung im beraterischen Bereich sechs Kompetenzbereiche skizziert: psychologische und kommunikative Skills, Technik, Datenschutz- und Sicherheitskompetenzen, Konzepte medienbasierter Beratung, Lesen und Schreiben sowie Qualitätsentwicklung. Insbesondere die Überschrift „Lesen und Schreiben" zeigt, dass diese Formulierungen zu einer Zeit entstanden sind, als unter Onlineberatung die schriftbasierte Mailberatung verstanden wurde.

In den jeweiligen Bereichen gibt es Aspekte, die für Blended Counseling besonders relevant sind. Bei den kommunikativen Skills sind dies: „Indikation und Kontraindikation für eine Online-Beratung abschätzen können", „Zuversicht und Compliance von der hilfesuchenden Person herstellen können", „Gegebenenfalls das Medium/Setting wechseln" sowie „Flexibilität in der Agenda- und Zielvereinbarung" (FSP, 2017, S. 12).

Es fällt auf, dass die FSP (2017) insbesondere von schriftlichen Onlineinterventionen ausgeht und andere Formen der Beratung mittels digitaler Medien (z. B. Video, Messenger) nicht aufführt. So werden auch im Bereich Technik als „aktuelle mediale Kommunikationsformen" E-Mail, Chat, Foren und SMS angeführt – das Fehlen von Video und Messenger zeigt die zeitliche Bedingtheit eines Papiers, das 2017 entstand.

Zudem wird ersichtlich, dass die FSP ihre Kompetenzformulierungen offenbar nicht (nur) auf anonyme Onlineinterventionen (z. B. reine Mailberatung) bezieht, denn es ist bei Bedarf auch ein Wechsel zum Face-to-Face-Kontakt vorgesehen. Die FSP scheint also auch Fachpersonen mitzudenken, die Blended Counseling anbieten – selbst wenn der Begriff hier nicht vorkommt.

4 Modellentwicklung Medienkompetenz Blended Counseling

In diesem Kapitel wird aufgezeigt, wie im Rahmen eines Forschungs- und Entwicklungsprojekts das vorliegende Modell entwickelt wurde, welches die relevanten (Medien-)Kompetenzen von Berater*innen umfasst, die zu einer erfolgreichen Durchführung von Blended Counseling-Prozessen beitragen können. Zunächst werden die Vorüberlegungen und die methodischen Schritte der Modellentwicklung vorgestellt – das erarbeitete Modell wird anschließend im Kapitel 5 ausführlich erläutert.

4.1 Idee und Ziele der Modellentwicklung

Das Medienkompetenzmodell Blended Counseling ist im Rahmen des Forschungs- und Entwicklungsprojektes „Medienkompetenz als Basisvariable von Blended Counseling" (Projekt MKBC) entstanden – einem Vorhaben, das von einem Projektteam der Hochschule für Soziale Arbeit der Fachhochschule Nordwestschweiz in Kooperation mit der Mütter- und Väterberatung der Sozialen Dienste Zürich von Mai 2020 bis August 2021 durchgeführt wurde. Neben der Modellentwicklung zielte das Projekt auch auf die konzeptionelle Fundierung und die praktische Erprobung von Blended Counseling im Handlungsfeld der Mütter- und Väterberatung. In diesem Zusammenhang wurden mehrere Blended Counseling-Szenarien für die Mütter- und Väterberatung entwickelt, von denen anschließend ausgewählte Szenarien während einer viermonatigen Erprobungsphase von Oktober 2020 bis Januar 2021 in der Praxis der Mütter- und Väterberatung realisiert und dokumentiert wurden. Dieser Teil des Projektes der Fundierung und Erprobung von Blended Counseling in der Mütter- und Väterberatung wurde im Projektbericht (vgl. Camenzind et al., 2021) differenziert beschrieben, sodass hier auf diejenigen Aspekte des Gesamtprojekts fokussiert wird, die für die Nachvollziehbarkeit der Modellentwicklung relevant sind.

Die Erprobung und Evaluation von Blended Counseling basierte im Projekt MKBC auf dem dreidimensionalen Modell für Blended Counseling, das mit der Dimension Klient*innen, der beratungsfachlichen Dimension und der organisationalen Dimension verdeutlicht, welche Aspekte für die Umsetzung von Blended Counseling relevant sind (vgl. Kapitel 2). Im Rahmen des Projekts wurden ausgewählte Aspekte von Blended Counseling untersucht, wobei bei der Modellentwicklung die beratungsfachliche Dimension des Blended Counseling-Modells fokussiert wurde (vgl. Camenzind et al., 2021). Im Zentrum der Überlegungen stand insbesondere die Identifizierung von spezifischen Kompetenzen von Beratenden, die Blended Counseling durchführen. Ziel war die Erarbeitung eines Kompetenzmodells, das sowohl übergeordnete Kompetenzbereiche als auch operationalisierte Kompetenzen von Beratenden beinhaltet.

Sowohl für Beratende, die Blended Counseling anbieten oder zukünftig anbieten möchten, als auch für den Fachdiskurs soll das Modell eine Orientierung für die notwendige Kompetenzentwicklung geben. Der zum Modell gehörende Selbsteinschätzungsbogen (vgl. Anhang) soll Beratenden eine erste Orientierung geben, wo sie aktuell hinsichtlich ihrer Kompetenzen für Blended Counseling stehen und welche Kompetenzbereiche und Kompetenzen noch (weiter-)entwickelt werden sollten.

Ziel war die Entwicklung eines möglichst umfassenden Modells, das Blended Counseling auf einer Metaebene betrachtet. Die für eine erfolgreiche Umsetzung von Blended Counseling relevanten Kompetenzen sollten deshalb übergreifend formuliert werden und zum Beispiel nicht spezifisch auf einzelne kommunikative Settings wie die schriftbasierte, telefonische oder videobasierte Beratung bezogen sein – unter anderem damit das Modell nicht an Aktualität verliert, wenn sich die für Beratung verwendeten Settings oder deren Kommunikationsregeln und -gewohnheiten im Laufe der Zeit verändern oder neue Settings dazukommen. Diese übergreifende Kompetenzformulierung hat den Vorteil, dass die Kompetenzen flexibel auf neue kommunikative Settings und veränderte Bedingungen innerhalb bestehender Settings übertragen werden können. Auch ist das Modell handlungsfeldübergreifend konzipiert, kann also in verschiedenen beraterischen Feldern zur Anwendung kommen.

Zunächst blieb die Frage offen, inwieweit Teile des Modells auch für die Distanzberatung Gültigkeit besitzen, also zum Beispiel, wenn ausschließlich per Telefon oder per Video beraten wird. Im Fokus der Modellentwicklung stand Blended Counseling, da es hierzu bisher keine Überlegungen gab. Die Frage der Übertragbarkeit auf die Distanzberatung wird in Kapitel 7 kurz thematisiert, um einen Diskurs für zukünftige Überlegungen und Publikationen anzuregen.

Im Medienkompetenzmodell Blended Counseling werden grundlegende beraterische Kompetenzen, die für die Beratung im analogen Setting gleichermaßen wichtig sind wie im digitalen Setting, vorausgesetzt. Dies umfasst beispielsweise Kompetenzen zur beraterischen Beziehungsgestaltung und grundlegende Fragen der beraterischen Haltung sowie des Methodenrepertoires (vgl. z. B. McLeod, 2004; nfb, 2014). Das Modell geht davon aus, dass Beratende, die Blended Counseling anbieten (möchten), bereits eine fundierte Aus- und/oder Weiterbildung in der „klassischen" Face-to-Face-Beratung vor Ort mitbringen und somit auf grundlegende Beratungskompetenzen aufgebaut werden kann. Im Modell wurden deshalb insbesondere diejenigen Kompetenzen formuliert, die sich spezifisch auf den Umgang mit digitalen Medien im Rahmen von Blended Counseling, auf die Realisierung wichtiger Beratungselemente im digitalen Setting (wie beispielsweise die Beziehungsgestaltung im virtuellen Raum) oder auf die Planung, Gestaltung, Umsetzung und Evaluation von Blended Counseling-Prozessen beziehen.

4.2 Prozess der Modellentwicklung

Die Modellentwicklung erfolgte größtenteils theoriegeleitet. Durch die enge Verknüpfung zur praktischen Umsetzung von Blended Counseling im Projekt MKBC konnte zu mehreren Zeitpunkten aber auch gezielt die Praxisperspektive einbezogen werden. Das Vorgehen der Modellentwicklung gliederte sich in die folgenden Schritte, wobei diese teilweise parallel zueinander erfolgten und somit nicht immer ganz trennscharf waren. Der Prozess der Modellentwicklung ist in der Abbildung 4 dargestellt und wird nachfolgend erläutert.

Schritt 1: Recherche zu bestehenden Konzepten, Theorien und Modellen

In einem ersten Schritt wurde eine Literaturrecherche zu themenverwandten Veröffentlichungen durchgeführt, um die theoretischen Grundlagen für ein Medienkompetenzmodell Blended Counseling zu erarbeiten. Inhaltlich kann diese Recherche grob in die folgenden drei Kategorien unterteilt werden:

- Allgemeine Literaturrecherche zum Thema Medienkompetenz (nicht auf Blended Counseling bezogen)
- Recherche zu bestehenden Modellen, die digitale Kompetenzen bereichsübergreifend und/oder für spezifische Felder beschreiben
- Recherche zu bereits bestehenden Überlegungen bezüglich Kompetenzen im Bereich Onlineberatung.

Die Literaturrecherche wurde in deutscher Sprache und mittels verschiedener Literaturdatenbanken durchgeführt. Aus den gefundenen Ergebnissen wurden zuerst Dubletten ausgeschlossen und anschließend diejenigen Veröffentlichungen entfernt, bei denen aufgrund des Titels und/oder des Abstracts ersichtlich wurde, dass sie nicht zur Erkundung der theoretischen Grundlagen von Medienkompetenz für Blended Counseling beitragen können. Sodann wurden aus den übrigen Resultaten anhand des Volltextes jene Veröffentlichungen ausgewählt, die als besonders bedeutend und zielführend für die Modellentwicklung eingestuft wurden.

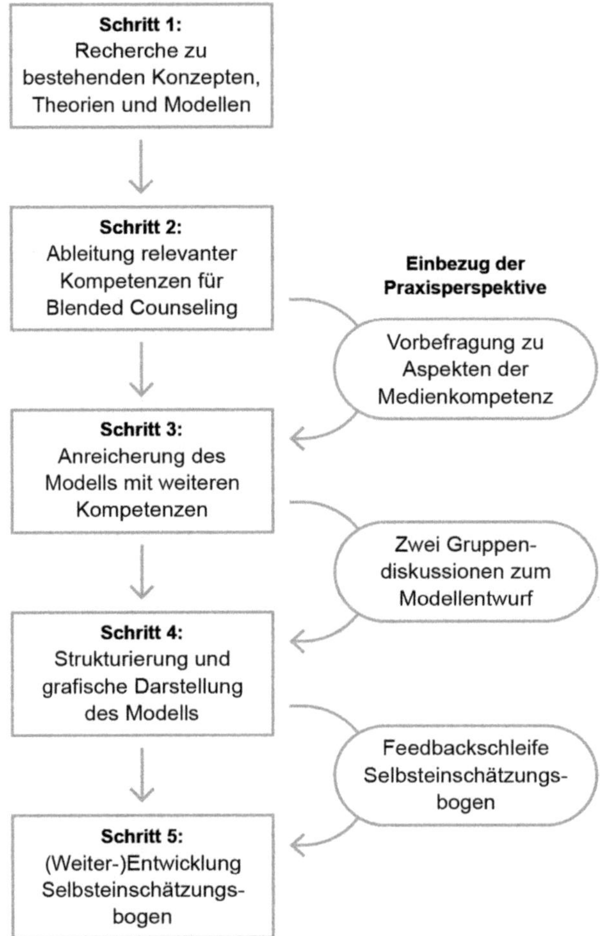

Abbildung 4: *Prozess der Modellentwicklung*

Schritt 2: Ableitung relevanter Kompetenzen für Blended Counseling

Aus den recherchierten und ausgewählten bestehenden Konzepten, Modellen und sonstigen Veröffentlichungen wurden spezifische Kompetenzen abgeleitet, die aus fachlicher Sicht für eine erfolgreiche Umsetzung von Blended Counseling aus Perspektive des Projektteams besonders wichtig erschienen.

Schritt 3: Anreicherung des Modells mit weiteren Kompetenzen

Zusätzlich zu den aus bestehenden Veröffentlichungen abgeleiteten Kompetenzen wurde das Modell mit weiteren Kompetenzen angereichert, welche das Projektteam aufgrund der bisherigen Forschungs- und Entwicklungsprojekte zur Anwendung von Blended Counseling identifiziert hatte.

Schritt 4: Strukturierung und grafische Darstellung des Modells

Die Struktur und der Aufbau sowie die grafische Darstellung des Modells veränderten sich im Verlauf des Entwicklungsprozesses mehrfach. Die grundlegende grafische Struktur orientierte sich am Modell DigCompEdu (vgl. Kapitel 3.3) und wurde insbesondere durch die Feedbackschleifen weiter ausdifferenziert und konkretisiert.

Schritt 5: (Weiter-)Entwicklung Selbsteinschätzungsbogen

Nachdem das Modell vorlag, wurde ein Selbsteinschätzungsbogen entwickelt, der Berater*innen ein Werkzeug bieten sollte, um eine erste Einschätzung der eigenen Medienkompetenz Blended Counseling vornehmen zu können.

Einbezug der Praxisperspektive

Parallel zu den oben angeführten Schritten wurden die ungefähr 30 am Projekt beteiligten Mütter- und Väterberaterinnen[9] der Sozialen Dienste Zürich in die Entwicklung des Kompetenzmodells einbezogen. So wurde das Modell – bzw. einzelne Elemente davon – den Beraterinnen mehrfach vorgelegt, um eine Rückmeldung aus Sicht der Praxis zu erhalten.

Zunächst erfolgte eine Vorbefragung der Beraterinnen im August 2020 vor der Erprobungsphase: Die Beraterinnen wurden gebeten, erste aus der Literatur abgeleitete Kompetenzen für die erfolgreiche Umsetzung von Blended Counseling bezüglich ihrer Wichtigkeit für die praktische Umsetzung von Blended Counseling in der Praxis zu beurteilen. Insgesamt 29 Mütter- und Väterberaterinnen nahmen an der Vorbefragung teil (vgl. Camenzind et al., 2021).

In zwei Gruppendiskussionen, die im ersten Quartal 2021 nach Abschluss der Erprobungsphase erfolgten – die Beraterinnen konnten an dieser Stelle bereits zwei Schulungstage sowie mehrere Monate Praxiserfahrung in der Umsetzung von Blended Counseling vorweisen –, wurde jeweils der Modellentwurf mit insgesamt elf beteiligten Beraterinnen diskutiert. Ziel war es, zu überprüfen, inwieweit die bereits entwickelten Kompetenzbereiche und die bis dahin operationalisierten Kompetenzen aus

9 Da ausschließlich weibliche Fachpersonen am Projekt beteiligt waren, wird hier jeweils die weibliche Form verwendet.

Praxissicht relevant erschienen und ob Aspekte von Medienkompetenz für Blended Counseling ergänzt werden sollten.

Im Rahmen eines Bilanzworkshops Ende Mai 2021 konnten fünf der am Projekt beteiligten Beraterinnen zudem eine erste Version des erstellten Selbsteinschätzungsbogens selbstständig bearbeiten und auswerten. Das anschließende Feedback wurde aufgenommen und in die Weiterentwicklung des Bogens miteinbezogen.

Formulierung der Kompetenzen

Für die Formulierung der Kompetenzen im Modell wurde auf den Kompetenzbegriff von Weinert (2001) zurückgegriffen, der Kompetenzen definiert als

> die bei Individuen verfügbaren oder durch sie erlernbaren kognitiven Fähigkeiten und Fertigkeiten, um bestimmte Probleme zu lösen, sowie die damit verbundenen motivationalen, volitionalen [die willentliche Steuerung von Handlungen und Handlungsabsichten] und sozialen Bereitschaften und Fähigkeiten, um die Problemlösungen in variablen Situationen erfolgreich und verantwortungsvoll nutzen zu können. (Weinert, 2001, S. 27)

Gemäß Weinert umfasst der Kompetenzbegriff demnach nicht nur kognitive Leistungsdispositionen wie Fertigkeiten, Kenntnisse, Fähigkeiten und Routinen, sondern z. B. auch sogenannte Metakompetenzen: So sollen Wissen, Strategien oder auch Motivationen den Erwerb und die Anwendung von Kompetenzen erleichtern.

Auch die Kompetenzformulierungen im Modell beziehen sich demnach nicht nur auf das eigentliche „Können", sondern auch auf das „Wissen" und auf motivationale Aspekte für die Umsetzung von Blended Counseling.

4.3 Zwischenergebnisse im Entwicklungsprozess

Bevor das Modell Medienkompetenz Blended Counseling in Kapitel 5 dargestellt wird, kann es zur verbesserten Nachvollziehbarkeit der Modellentwicklung hilfreich sein, zuerst die Zwischenergebnisse aus den einzelnen Schritten der Modellentwicklung zu betrachten.

Ergebnisse Schritt 1: Recherche zu bestehenden Konzepten, Theorien und Modellen

Die wichtigsten Ergebnisse aus der Literaturrecherche, die in der Modellentwicklung berücksichtigt wurden, sind in Kapitel 3 beschrieben. Das Modell bezieht sich inhaltlich demnach insbesondere, jedoch nicht ausschließlich, auf die folgenden Veröffentlichungen:

- Medienkompetenz: Voraussetzungen, Dimensionen, Funktionen (Groeben, 2002)
- Digitale Kompetenz (Hartmann & Hundertpfund, 2015)
- Digitaler Kompetenzrahmen der EU:
  - DigComp (Vuorikari et al., 2022; Europäische Kommission, 2018)
  - DigCompEdu (Redecker & Punie, 2017, 2019)
- Qualitätsstandards Onlineinterventionen für Fachpersonen Beratung (FSP, 2017).

Ergebnisse Schritt 2: Ableitung relevanter Kompetenzen für Blended Counseling

Aus den oben genannten Veröffentlichungen wurden insgesamt 22 Kompetenzen abgeleitet, die in Kapitel 5 näher beschrieben und erläutert werden.

In einem ersten Schritt wurden aus dem Medienkompetenzmodell von Groeben (2002) sowie unter Einbezug ausgewählter Kompetenzbereiche für Menschen in digitalen Gesellschaften nach Hartmann und Hundertpfund (2015) 13 (Medien-)Kompetenzen abgeleitet, die aufseiten der Berater*innen zu einer erfolgreichen Umsetzung von Blended Counseling beitragen können (vgl. Kapitel 3.1 und 3.2).

Aus Groebens (2002) Dimension „Medienwissen und Medialitätsbewusstsein" wurden zunächst die folgenden Kompetenzformulierungen abgeleitet:

- **Kompetenz 1:** Die Beratenden sind sich bewusst, dass die Beratung über digitale Medien in einem Kommunikationssetting stattfindet, das sich von der Beratung vor Ort unterscheidet.
- **Kompetenz 2:** Die Beratenden kennen die rechtlichen Rahmenbedingungen (z. B. Datenschutz) verschiedener Kommunikationssettings bzw. Kommunikationstools.
- **Kompetenz 3:** Die Beratenden kennen die Möglichkeiten zur Interaktion mit Klient*innen, die verschiedene Kommunikationssettings jeweils bieten.

Aus der Dimension „Medienspezifische Rezeptionsmuster" (Groeben, 2002) wurden die folgenden Kompetenzen abgeleitet:

- **Kompetenz 4:** Die Beratenden können ein digitales Tool richtig und mit angemessenem zeitlichen Aufwand bedienen.
- **Kompetenz 5:** Die Beratenden sind in der Lage, über digitale Medien Stimmungen und Reaktionen zu erfassen und Bedürfnisse des Gegenübers zu erkennen.

Aus der Dimension „Medienbezogene Genussfähigkeit" (Groeben, 2002) wurde abgeleitet:

- **Kompetenz 6:** Die Beratenden haben Lust, digitale Medien für die Kommunikation zu nutzen.

Aus der Dimension „Medienbezogene Kritikfähigkeit" (Groeben, 2002) wurde abgeleitet:

- **Kompetenz 7:** Die Beratenden sind in der Lage, digitale Medien intellektuell einzuordnen und zu bewerten.
- **Kompetenz 8:** Die Beratenden sind in der Lage, die Nutzung von digitalen Medien in der Beratung ethisch zu reflektieren.

Aus der Dimension „Selektion/Kombination von Mediennutzung" (Groeben, 2002), kombiniert mit der Dimension „Nutzung digitaler Werkzeuge" (Hartmann & Hundertpfund, 2015), wurde abgeleitet:

- **Kompetenz 9:** Die Beratenden sind in der Lage, aus verschiedenen Kommunikationskanälen jene zu wählen, die zu der Bedürfnislage der Klient*innen unter Berücksichtigung der Zielsetzung des Prozesses am besten passen.

Aus der Dimension „(Produktive) Partizipationsmuster" (Groeben, 2002) wurden folgende Kompetenzen abgeleitet (teilweise in Kombination mit den Dimensionen „virtuelle Zusammenarbeit" sowie „Umgang mit kultureller und sozialer Vielfalt" aus dem Modell von Hartmann & Hundertpfund, 2015; vgl. Kapitel 5):

- **Kompetenz 10:** Die Beratenden sind in der Lage, sich dem jeweiligen Kommunikationskanal angepasst auszudrücken und auf das Gegenüber zu reagieren.
- **Kompetenz 11:** Die Beratenden sind in der Lage, digitale Medien gezielt für die Kooperation und Zusammenarbeit im Beratungsprozess einzusetzen.
- **Kompetenz 12:** Die Beratenden sind in der Lage, die Vielfalt von Lebenslagen und Kulturen im Hinblick auf die Medienwahl im Beratungsprozess adäquat zu berücksichtigen.

Eine weitere Kompetenz wurde aus der Dimension „Anschlusskommunikationen" (Groeben, 2002) abgeleitet:

- **Kompetenz 13:** Die Beratenden sind in der Lage, die Nutzung der digitalen Medien im Anschluss an die Kommunikation zu überdenken und daraus Schlüsse für die weitere Nutzung zu ziehen.

In einem nächsten Schritt wurden aus dem DigComp-Modell (vgl. Europäische Kommission, 2018; sowie Kapitel 3.3) und dem DigCompEdu (vgl. Redecker & Punie, 2019; sowie Kapitel 3.3) weitere Kompetenzen für eine erfolgreiche Umsetzung von Blended Counseling abgeleitet, welche das Projektteam als relevant erachtete.

Aus dem DigComp-Kompetenzbereich „Sicherheit und Wohlergehen" wurden die folgenden Kompetenzen abgeleitet:

- **Kompetenz 14:** Die Beratenden sind sich möglicher Risiken und Bedrohungen im digitalen Umfeld bewusst.
- **Kompetenz 15:** Die Beratenden sind in der Lage, in der Beratung datenschutzrelevante Aspekte einzuhalten und einen vertraulichen Rahmen herzustellen.

Aus dem DigComp-Kompetenzbereich „Problemlösung" wurde – unter Einbezug weiterer Überlegungen, die im Kapitel 5 dargelegt werden – die folgende Kompetenz abgeleitet:

- **Kompetenz 16:** Beratende sind in der Lage, geläufige technische Probleme zu lösen.

Aus dem DigCompEdu (vgl. Redecker & Punie, 2019; sowie Kapitel 3.3) wurden Kompetenzen abgeleitet, die auf den Überlegungen des DigCompEdu-Kompetenzbereichs „Förderung der digitalen Kompetenz der Lernenden" beruhen, jedoch übertragen wurden auf die Förderung der Medienkompetenz von Klient*innen in der Beratung:

- **Kompetenz 17:** Die Beratenden sind in der Lage, Klient*innen für Datenschutzfragen zu sensibilisieren.
- **Kompetenz 18:** Die Beratenden sind in der Lage, bei der Behebung geläufiger technischer Probleme aufseiten der Klient*innen behilflich zu sein.
- **Kompetenz 19:** Die Beratenden sind in der Lage, bei den Klient*innen die Motivation für und die Neugier an digitalen Beratungssettings zu fördern.

Aus den *Qualitätsstandards Onlineinterventionen für Fachpersonen Beratung* der FSP (2017) wurden nur Aspekte aufgenommen, die in den bisher aufgeführten Kompetenzen noch nicht enthalten waren und eine sinnvolle und notwendige Ergänzung darstellen.

- **Kompetenz 20:** Die Beratenden verfügen über aktuelles Basiswissen zu IT-Hardware und beratungsrelevanter Software.
- **Kompetenz 21:** Die Beratenden sind bereit, sich zum Thema digitale Medien in der Beratung weiterzubilden.

- **Kompetenz 22:** Die Beratenden sind in der Lage, die Qualität der Beratungsbeziehung auch in digitalen Settings aufzubauen bzw. aufrechtzuerhalten.

Die hier aufgeführten Kompetenzformulierungen wurden teilweise zu einem späteren Zeitpunkt der Modellentwicklung noch angepasst (vgl. Kompetenzformulierungen in Kapitel 5).

Ergebnisse Schritt 3: Anreicherung des Modells mit weiteren Kompetenzen

Nach der Ableitung von relevanten Kompetenzen aus der Literatur wurden vom Projektteam aufgrund eigener Studien zum Thema Blended Counseling sowie auf der Basis zusätzlicher Veröffentlichungen weitere Kompetenzen formuliert, die als besonders relevant für eine erfolgreiche Umsetzung von Blended Counseling identifiziert wurden. Da alle Kompetenzen in Kapitel 5 umfassend erläutert werden, wird an dieser Stelle auf eine weitere Darstellung verzichtet, um Redundanzen zu vermeiden. Die zusätzlichen Kompetenzen, die sich explizit auf Blended Counseling beziehen, lauten folgendermaßen:

- **Kompetenz 23:** Die Beratenden sind in der Lage, den Blended Counseling-Prozess konzeptionell zu fundieren (z. B. mittels Szenarien).
- **Kompetenz 24:** Die Beratenden kennen ihre Einstellung zu digitalen Medien und haben ihre Medienbiografie reflektiert.
- **Kompetenz 25:** Die Beratenden sind in der Lage, auch im digitalen Setting prozessorientiert zu beraten.
- **Kompetenz 26:** Die Beratenden kennen eine Auswahl an geeigneten Tools und Plattformen für Beratung im digitalen Setting.
- **Kompetenz 27:** Die Beratenden sind in der Lage, eine erste Einschätzung der Medienkompetenz ihres Gegenübers vorzunehmen.

Ergebnisse Schritt 4: Strukturierung und grafische Darstellung des Modells

Für das Modell Medienkompetenz Blended Counseling wurde eine Modellstruktur gewählt, die im weitesten Sinne an die Struktur und den Aufbau des DigCompEdu (Redecker & Punie, 2019, S. 12) angelehnt ist. So werden drei übergeordnete Ebenen unterschieden, wobei die ersten beiden Ebenen des Medienkompetenzmodells – namentlich die „Ebene Voraussetzungen Berater*in“ sowie „Ebene Berater*in“ – inhaltlich kaum mit dem DigCompEdu-Modell verwandt sind. Die dritte Ebene „Ebene Klient*in“ bezieht sich auf die Förderung der Medienkompetenz von Klient*innen und ist inhaltlich somit angelehnt an die Ebene „Kompetenzen von Lernenden“ bzw. den Bereich „Förderung der digitalen Kompetenz der Lernenden“ des DigCompEdu.

Ähnlich wie beim DigCompEdu wurden die einzelnen Kompetenzen übergeordneten Kompetenzbereichen zugeordnet – im Gegensatz zum DigCompEdu, das sechs Bereiche umfasst, sind es beim Medienkompetenzmodell Blended Counseling jedoch sieben solcher Kompetenzbereiche. Die Zuordnung der Kompetenzen zu den Kompetenzbereichen basierte auf einer inhaltlichen Verwandtschaft der einzelnen Kompetenzen, wurde jedoch (noch) nicht mittels einer konfirmatorischen Faktorenanalyse überprüft. Die Struktur und die grafische Darstellung des Modells sind im Kapitel 5 ersichtlich.

Ergebnisse Schritt 5: (Weiter-)Entwicklung Selbsteinschätzungsbogen

Der Selbsteinschätzungsbogen wurde aus den erarbeiteten Kompetenzbereichen und den einzelnen Kompetenzen entwickelt. In Kapitel 6 sind der Aufbau und der Inhalt des entstandenen Selbstchecks detailliert beschrieben. Der gesamte Selbsteinschätzungsbogen befindet sich im Anhang dieses Buches.

Ergebnisse Einbezug der Praxisperspektive

Zum Zeitpunkt der Vorbefragung, die im Rahmen des Projekts „Medienkompetenz Blended Counseling" mit allen am Projekt beteiligten Mütter- und Väterberaterinnen durchgeführt wurde, lagen die ersten 13 Kompetenzen vor (abgeleitet aus den Modellen von Groeben sowie Hartmann und Hundertpfund). Die restlichen Kompetenzen waren zu diesem Zeitpunkt noch nicht erarbeitet.

Die Ergebnisse der Vorbefragung zeigten, dass alle 13 Kompetenzen von den Mütter- und Väterberaterinnen durchschnittlich als wichtig bis sehr wichtig für eine erfolgreiche Umsetzung von Blended Counseling eingestuft wurden, weshalb sie (teilweise leicht umformuliert) in das Modell aufgenommen wurden. Als besonders wichtig eingestuft wurden die Kompetenz 2 „Die Beratenden kennen die rechtlichen Rahmenbedingungen (z. B. Datenschutz) verschiedener Kommunikationssettings bzw. Kommunikationstools" (M = 4.76, wobei 5 = sehr wichtig, 4 = wichtig, 3 = eher wichtig, 2 = eher nicht wichtig, 1 = nicht wichtig, 0 = gar nicht wichtig), und die – für Beratung im digitalen Setting äußerst zentrale – Kompetenz 10 „Die Beratenden sind in der Lage, sich dem jeweiligen Kommunikationskanal angepasst auszudrücken und auf das Gegenüber zu reagieren" (M = 4.71) sowie die anwendungsbezogene Kompetenz 4 „Die Beratenden können ein digitales Tool richtig und mit angemessenem zeitlichen Aufwand bedienen" (M = 4.66).

Am niedrigsten fiel die durchschnittliche Wichtigkeitseinschätzung hingegen bei der etwas abstrakteren Kompetenz 1 „Die Beratenden sind sich bewusst, dass die Beratung über digitale Medien in einem Kommunikationssetting stattfindet, das sich von der Beratung vor Ort unterscheidet" (M = 4.11) sowie der – ebenfalls eher auf kognitive Prozesse fokussierenden – Kompetenz 7 „Die Beratenden sind in der Lage, digitale Medien intellektuell einzuordnen und zu bewerten“ (M = 4.14) aus. Interessanterweise wurde auch die motivationale Komponente (Kompetenz 6 „Die Beratenden haben Lust, digitale Medien für die Kommunikation zu nutzen“) mit M = 4.21 als weniger wichtig eingeschätzt als andere Kompetenzen. Da aber auch diese Kompetenzen durchschnittlich allesamt als wichtig erachtet wurden, scheinen sie aus Praxissicht ebenfalls von Relevanz zu sein, weshalb sie in das Modell aufgenommen wurden. Die Wichtigkeitsbeurteilungen aller 13 erfragten Kompetenzen sind in der Abbildung 5 sowie in der Tabelle 8 aufgeführt.

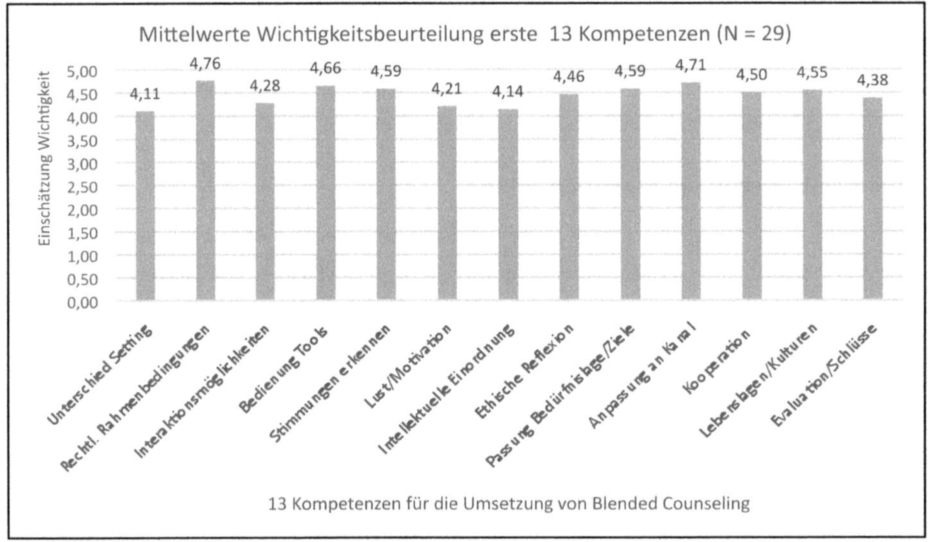

Abbildung 5: *Mittelwerte der Wichtigkeitsbeurteilungen der Kompetenzen für Blended Counseling*[10]

10 Mittelwerte der Wichtigkeitsbeurteilungen der 13 Kompetenzen für Blended Counseling, die in einem ersten Schritt von Groeben (2002) bzw. von Hartmann und Hundertpfund (2015) abgeleitet und den am Projekt beteiligten Mütter- und Väterberaterinnen zur Bewertung vorgelegt wurden. Skala im Fragebogen: 5 = sehr wichtig, 4 = wichtig, 3 = eher wichtig, 2 = eher nicht wichtig, 1 = nicht wichtig, 0 = gar nicht wichtig. Die zusätzliche Antwortoption „kann ich nicht beurteilen“ wurde nie ausgewählt.

Tabelle 8: *Resultate Beurteilung der Wichtigkeit der ersten 13 Kompetenzen auf einer Skala von 0 = gar nicht wichtig bis 5 = sehr wichtig*

	N	Minimum	Maximum	M	SD
Unterschied Setting	28	2.00	5.00	4.11	.74
Rechtl. Rahmenbedingungen	29	3.00	5.00	4.76	.58
Interaktionsmöglichkeiten	29	3.00	5.00	4.28	.59
Bedienung Tools	29	4.00	5.00	4.66	.48
Stimmungen erkennen	29	4.00	5.00	4.59	.50
Lust/Motivation	29	3.00	5.00	4.21	.68
Intellektuelle Einordnung	28	2.00	5.00	4.14	.89
Ethische Reflexion	28	3.00	5.00	4.46	.58
Passung Bedürfnislage/Ziele	29	3.00	5.00	4.59	.63
Anpassung an Kanal	28	4.00	5.00	4.71	.46
Kooperation	28	4.00	5.00	4.50	.51
Lebenslagen/Kulturen	29	3.00	5.00	4.55	.63
Evaluation/Schlüsse	29	3.00	5.00	4.38	.56

Die Ergebnisse der Gruppendiskussionen, die nach der Erprobungsphase durchgeführt wurden, zeigten, dass die Beraterinnen sämtliche bis zu diesem Zeitpunkt erarbeiteten Kompetenzen und Kompetenzbereiche als wichtig für eine erfolgreiche Umsetzung von Blended Counseling erachteten. Der Modellentwurf wurde insgesamt als stimmig und praxisrelevant betrachtet. Ausgewählte Resultate bzw. Stimmen aus der Gruppendiskussion werden im Rahmen der Modellbeschreibung im Kapitel 5 aufgezeigt und diskutiert.

Insgesamt bestätigte der mehrschrittige Einbezug der Beraterinnen, dass die aus der Theorie abgeleiteten Kompetenzen sowie die gewählten Kompetenzbereiche auch aus der Praxisperspektive als relevant eingeschätzt wurden. Die Formulierung der Kompetenzen wurde im Prozess mehrfach überarbeitet und angepasst. Die finalen Kompetenzformulierungen wurden gezielt so gewählt, dass sowohl Fertigkeiten als auch Wissensaspekte und motivationale Aspekte zur Geltung kommen (vgl. Weinert, 2001).

5 Modell Medienkompetenz Blended Counseling

Das ausgearbeitete Modell „Medienkompetenz Blended Counseling" ist in der Abbildung 6 dargestellt und wird nachfolgend erläutert.

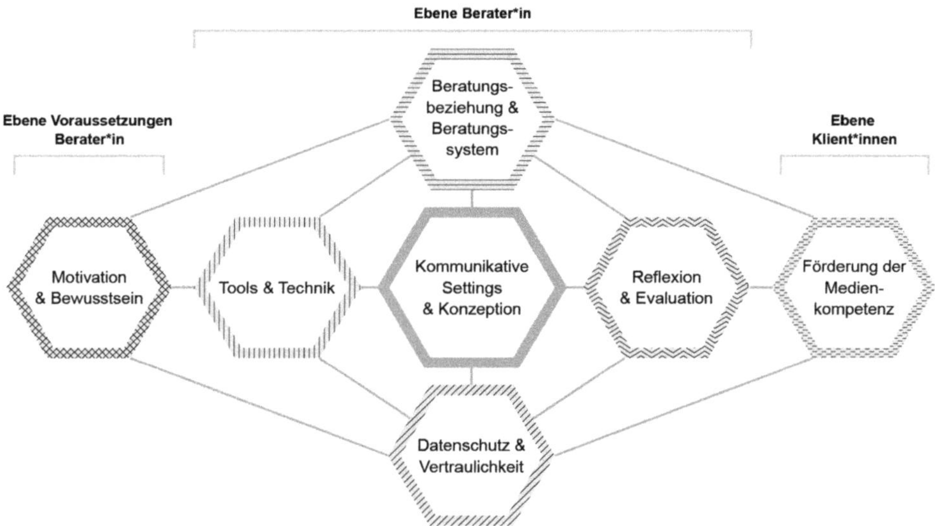

Abbildung 6: *Modell Medienkompetenz Blended Counseling*

Das Modell fokussiert ausschließlich Kompetenzen für die Fachperson Beratung und differenziert diese auf drei Ebenen:

> *Ebene Voraussetzungen Berater*in:*
> Diese erste Ebene beinhaltet grundlegende Voraussetzungen der Berater*innen im Hinblick auf die Motivation und das Bewusstsein für Blended Counseling. Formuliert werden Aspekte, die Beratende für eine erfolgreiche Konzeption und Umsetzung von Blended Counseling mitbringen sollten. Die Ebene umfasst den Kompetenzbereich „Motivation und Bewusstsein für Beratung im digitalen Setting" und stellt die Basis dar, auf welcher die weiteren Ebenen – und sämtliche darin enthaltenen Kompetenzbereiche mit den dazugehörigen Kompetenzen – aufbauen.

*Ebene Berater*in:*
Diese Ebene beinhaltet Kompetenzen aufseiten der Beratenden, welche die eigentliche Umsetzung von Blended Counseling betreffen. Sie stellt den Kern des Modells dar und umspannt sowohl theoretische Vorkenntnisse bzw. Wissensaspekte als auch praktische Fertigkeiten für die Planung, Umsetzung und Evaluation von Blended Counseling-Prozessen. Sie besteht aus den fünf Kompetenzbereichen „Beratungsbeziehung und Beratungssystem", „Kommunikative Settings und Konzeption von Blended Counseling", „Tools und Technik für Blended Counseling", „Datenschutz und Vertraulichkeit für Beratung im digitalen Setting" sowie „Reflexion und Evaluation".

*Ebene Klient*innen:*
Diese Ebene konkretisiert Kompetenzen der Beratenden im Hinblick auf die Einschätzung, Förderung und Unterstützung der Medienkompetenz der Klient*innen. Sie umfasst den Kompetenzbereich „Förderung der Medienkompetenz von Klient*innen". Dieser Kompetenzbereich stellt deshalb eine eigenständige Ebene dar, weil die darin enthaltenen Kompetenzen während eines Beratungsprozesses im Blended-Format parallel zur eigentlichen Planung und Umsetzung von Blended Counseling zum Einsatz kommen. Die Medienkompetenz der Klient*innen einzuschätzen und insbesondere auch zu fördern, zielt darauf, dass – neben der Bearbeitung des eigentlichen Anliegens im Prozess – die Klient*innen Wissen und Können in der Anwendung digitaler Medien erwerben können.

Das Modell umfasst insgesamt sieben Kompetenzbereiche, die aus jeweils drei bis sechs operationalisierten Kompetenzen bestehen. Im Folgenden werden die Kompetenzbereiche und die dazugehörigen Kompetenzen näher erläutert.

5.1 Kompetenzbereich Motivation und Bewusstsein für Beratung im digitalen Setting

Der Kompetenzbereich „Motivation und Bewusstsein für Beratung im digitalen Setting" (MB) ist in der „Ebene Voraussetzungen Berater*in" angesiedelt und umfasst drei Kompetenzen:

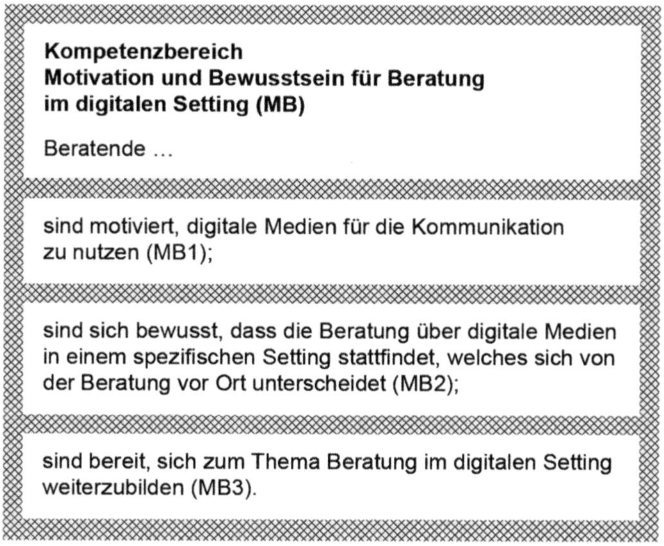

Kompetenzbereich Motivation und Bewusstsein für Beratung im digitalen Setting (MB)

Beratende ...

sind motiviert, digitale Medien für die Kommunikation zu nutzen (MB1);

sind sich bewusst, dass die Beratung über digitale Medien in einem spezifischen Setting stattfindet, welches sich von der Beratung vor Ort unterscheidet (MB2);

sind bereit, sich zum Thema Beratung im digitalen Setting weiterzubilden (MB3).

Abbildung 7: *Kompetenzbereich Motivation und Bewusstsein für Beratung im digitalen Setting*

Kompetenz MB1: *Beratende sind motiviert, digitale Medien für die Kommunikation zu nutzen.*

Bei dieser Kompetenz steht die Motivation, digitale Medien für die Kommunikation in der Beratung zu nutzen, im Zentrum. Die Kompetenzformulierung wurde abgeleitet aus Groebens (2002, S. 170ff.) Dimension „Medienbezogene Genussfähigkeit“, die sich auf die motivationalen Aspekte von Medienkompetenz bezieht (siehe auch Kapitel 3.1). Die Motivation, digitale Medien in der Beratung einzusetzen, wurde als zentrale Voraussetzung für weitere Kompetenzen in das Modell aufgenommen, weil sich Berater*innen nur dann intensiv mit Blended Counseling beschäftigen und sich im Themenbereich weiterentwickeln können und wollen, wenn sie motiviert sind und Lust haben, digitale Medien in der Beratung einzusetzen. Beratende, die Beratung im digitalen Setting nur halbherzig anbieten – zum Beispiel, weil dies von der Organisation vorgegeben wird –, werden hingegen kaum die Energie aufbringen, die im Folgenden aufgeführten Kompetenzen zu erwerben bzw. auszubauen sowie dieses Beratungsformat erfolgreich und überzeugend umzusetzen. Hier gibt es eine Verbindung zur organisationalen Dimension von Blended Counseling, die es mit als Aufgabe der Leitung ansieht, geeignete Rahmenbedingungen für Blended Counseling zu schaffen und über Qualifikation und Mentor*innen-Modelle Anreize zum (Weiter-)Lernen zu geben, um auch auf diese Weise Interesse und Motivation für Blended Counseling zu wecken.

Kompetenz MB2: *Beratende sind sich bewusst, dass die Beratung über digitale Medien in einem spezifischen Setting stattfindet, welches sich von der Beratung vor Ort unterscheidet.*

Ähnlich wie bei Groeben (2002, S. 166ff.) wird die Bewusstseinskomponente auch im vorliegenden Modell als Voraussetzung betrachtet, damit andere Aspekte von Medienkompetenz in Bezug auf Blended Counseling überhaupt zum Tragen kommen können: Nur wenn sich ein*e Berater*in bewusst ist, dass sich die Beratung in digitalen Settings von Face-to-Face-Beratung unterscheidet, kann sich die beratende Person auf diese Unterschiede und Eigenheiten des digitalen Settings sowie der verschiedenen Möglichkeiten einlassen und sich auf das jeweilige kommunikative Setting mit den darauf zugeschnittenen Methoden und Interventionen einsetzen.

Fehlt dieses grundlegende Bewusstsein, besteht die Gefahr, dass Berater*innen Methoden aus der Face-to-Face-Beratung vor Ort eins zu eins in das digitale Beratungssetting übertragen – ein Vorgehen, das zwar in manchen Fällen funktionieren kann, aufgrund der jeweiligen Spezifika digitaler Kommunikationssettings aber nicht empfehlenswert ist. So ist es beispielsweise in einer Chat- oder Messengerberatung aufgrund der hohen Geschwindigkeit und der Kürze der einzelnen Nachrichten schlicht nicht möglich, sämtliche Gedankengänge so ausführlich darzulegen, wie dies in einer Face-to-Face-Beratung gemacht werden könnte (vgl. z. B. Engelhardt & Piekorz, 2022; Engelhardt, 2021; Hintenberger, 2006).

Kompetenz MB3: *Beratende sind bereit, sich zum Thema Beratung im digitalen Setting weiterzubilden.*

Dieser Aspekt wurde abgeleitet aus den Qualitätsstandards für Onlineinterventionen, welche die „Kontinuierliche Fortbildung im Bereich der Onlineberatung" als notwendige Bereitschaft von Beratenden für eine professionelle Onlineberatung definiert (vgl. FSP, 2017, S. 12; sowie Kapitel 3.4). Wie für die Onlineberatung ist eine entsprechende Weiterbildung ebenfalls unabdingbar für eine erfolgreiche und professionelle Umsetzung von Blended Counseling. Hierzu gehören einerseits umfangreichere Qualifikationen zu Blended Counseling, die sämtliche der hier im Modell vorgestellten Kompetenzen abdecken sollten. Andererseits sind aber auch kürzere Weiterbildungen zielführend, welche die spezifischen Eigenheiten, Methoden und Interventionsmöglichkeiten verschiedener digitaler Kommunikationssettings fokussieren, sowie Schulungen zu den verwendeten technischen Lösungen. Die digitale Transformation als kontinuierlicher Prozess, der auch für Beratung stets neue Tools, Plattformen, Formate und methodische Möglichkeiten hervorbringt, erfordert eine fortlaufende Auseinandersetzung mit den aktuellen Entwicklungen. Nur so kann Beratung an die sich stetig verändernden Lebenswelten von Klient*innen anknüpfen (vgl. Engelhardt, 2021; Risau, 2019, S. 15; Reindl, 2018, S. 22).

5.2 Kompetenzbereich Beratungsbeziehung und Beratungssystem

Der Kompetenzbereich „Beratungsbeziehung und Beratungssystem" (BB) ist bei der „Ebene Berater*in" angesiedelt, da Kompetenzen aufseiten der Berater*innen enthalten sind, die für eine erfolgreiche praktische Umsetzung von Blended Counseling von Bedeutung sind. In diesem Kompetenzbereich geht es um die Gestaltung und Aufrechterhaltung einer qualitativ hochwertigen Beratungsbeziehung in einem Blended-Setting. Der Kompetenzbereich besteht aus drei Kompetenzen, die in der Abbildung 8 aufgeführt sind und wiederum nachfolgend näher erläutert werden.

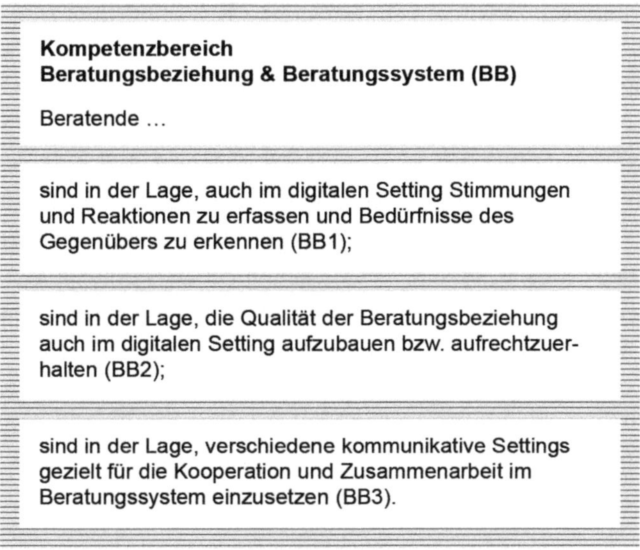

Abbildung 8: *Kompetenzbereich Beratungsbeziehung und Beratungssystem*

Kompetenz BB1: *Beratende sind in der Lage, auch im digitalen Setting Stimmungen und Reaktionen zu erfassen und Bedürfnisse des Gegenübers zu erkennen.*

Diese Kompetenz wurde abgeleitet aus dem Kompetenzbereich „Soziale Intelligenz und Verständigung" von Hartmann und Hundertpfund (2015, S. 28–44; siehe auch Kapitel 3.2), weil eine gelingende Verständigung sehr wichtig ist für die Qualität der Beratungsbeziehung: Nur wenn sich ein*e Klient*in mit den eigenen Bedürfnissen wahrgenommen und verstanden fühlt, wird er*sie sich dem Gegenüber öffnen. Es ist also von großer Bedeutung, dass es Berater*innen während des Beratungsprozesses gelingt, die Stimmungen, Reaktionen und Bedürfnisse der Klient*innen auch in den gewählten kommunikativen Settings zu erfassen. Hierbei gilt es zu beachten, dass es reichhaltigere und weniger reichhaltige kommunikative digitale (Beratungs-)Settings gibt, die sich darin unterscheiden, wie gut Stimmungen, Bedürfnisse und Reaktionen des Gegenübers erkannt werden können. So ist die Videokommunikation beispielsweise das reichhaltigste Setting nach der Face-to-Face-Beratung. Hier können Reaktionen, Stimmungen und Bedürfnisse visuell – oder zumindest teilweise – anhand von Mimik und Gestik sowie verbal und paraverbal erfasst werden. In weniger reichhaltigen Settings wie zum Beispiel der Chat- oder Messengerkommunikation ist dies hingegen schwieriger, weil oftmals keine oder nur wenige non- und paraverbale Informationen[11] zu Stimmungen und Bedürfnissen übermittelt werden und Reaktionen nicht visuell ersichtlich sind (vgl. Camenzind et al., 2021). Die Kompetenz beinhaltet darum auch die Fertigkeit, in den verschiedenen Settings gezielte Methoden und Interventionen (z. B. Fragetechniken) einzusetzen, um Informationen betreffend Stimmungen und Bedürfnissen der Klient*innen zu erhalten – aber auch zu erkennen, wann es sinnvoll ist, auf ein reichhaltigeres Setting zu wechseln, wenn die Stimmungen und Bedürfnisse im verwendeten Setting nicht hinreichend erfasst werden können (vgl. auch Kompetenzbereich „Kommunikative Settings und Konzeption von Blended Counseling", insbesondere Kompetenz KK3 in Kapitel 5.3).

Kompetenz BB2: *Beratende sind in der Lage, die Qualität der Beratungsbeziehung auch in digitalen Settings aufzubauen bzw. aufrechtzuerhalten.*

Die zweite Kompetenz in diesem Kompetenzbereich ist etwas allgemeiner gefasst und bezieht sich auf die Qualität der Beratungsbeziehung. Sie ist angelehnt an die „Qualitätsstandards Onlineinterventionen" für Fachpersonen Beratung der Föderation der

11 Hintenberger (2006) sowie Engelhardt (2021) haben aufgezeigt, wie non- und paraverbale Elemente auch in der Chatkommunikation und -beratung eingesetzt werden können.

Schweizer Psychologinnen und Psychologen, die als erforderliche Kompetenz die Beziehungsgestaltung aufführen – insbesondere die Fähigkeit, „trotz Anonymität eine Verbindung und Empathie" herzustellen und das „Commitment der hilfesuchenden Person" aufrechterhalten zu können (FSP, 2017, S. 12; siehe auch Kapitel 3.4). Auch wenn die Anonymität in Blended Counseling-Prozessen meistens kaum (über längere Zeit hinweg) eine Rolle spielt, da bei „klassischen" Blended Counseling-Prozessen Face-to-Face-Beratungen in den Prozess integriert sind (vgl. Hörmann et al., 2019), ist die Beziehungsgestaltung im digitalen Setting für die erfolgreiche Umsetzung von Blended Counseling von zentraler Bedeutung. Wie in der Face-to-Face-Beratung (vgl. z. B. Schäfter, 2010, S. 298) können vertrauens- und verständnisvolle sowie von Wertschätzung geprägte Beratungsbeziehungen zu einem erfolgreichen Outcome der Beratung beitragen. Blended Counseling ermöglicht, im Beratungsprozess mehrere kürzere Beratungskontakte zu gewährleisten – zum Beispiel Kurzkontakte via Messenger oder E-Mail zwischen zwei Face-to-Face- oder Videoberatungen. Dadurch kann die Beratungsbeziehung potenziell stabilisiert werden, was wiederum drohenden Kontaktabbrüchen entgegenwirken kann (vgl. Hörmann et al., 2019; Hörmann, 2018). Dies ist beispielsweise in der Suchtberatung ein zentraler handlungsfeldspezifischer Impactfaktor von Blended Counseling. Dies gelingt jedoch nur, wenn Beratende in der Lage sind, die Qualität der Beratungsbeziehung auch im digitalen Setting aufzubauen und/oder aufrechtzuerhalten.

Kompetenz BB3: *Beratende sind in der Lage, verschiedene kommunikative Settings gezielt für die Kooperation und Zusammenarbeit im Beratungssystem einzusetzen.*

Diese Kompetenz wurde abgeleitet aus dem zehnten Kompetenzbereich „Virtuelle Zusammenarbeit" von Hartmann und Hundertpfund (2015, S. 138–166). Für die Umsetzung von Blended Counseling bedeutet dies, dass digitale Medien im Beratungsprozess einerseits für eine gute Zusammenarbeit mit dem oder der Klient*in eingesetzt werden, aber – wo geeignet und förderlich für die Zusammenarbeit – auch im Kontakt mit anderen beteiligten Personen. Dies können einerseits Personen aus dem direkten Umfeld der ratsuchenden Person sein (z. B. Partner*in, Familienangehörige, Vorgesetzte, Kolleg*innen etc.), die in den Beratungsprozess integriert werden sollen. Andererseits können digitale Medien auch für die Kooperation mit anderen beteiligten Fachstellen bzw. Fachpersonen (z. B. Sozialdienste, Ärztinnen*Ärzte, spezialisierte Fachstellen) erfolgreich eingesetzt werden.

Im Rahmen des MKBC-Projekts zeigte sich, dass der Einsatz digitaler Medien – hier war es insbesondere die Videoberatung – dabei behilflich sein kann, das Familiensystem in die Beratung einzubeziehen: Mehrere Beraterinnen, die Blended Counseling in der Mütter- und Väterberatung umsetzten, machten die Erfahrung, dass bei Videoberatungen aufgrund der örtlichen Flexibilität öfter beide Elternteile an den Beratungen teilnehmen konnten, als das bei Face-to-Face-Beratungen der Fall war. So konnten insbesondere auch berufstätige Elternteile besser in den Beratungsprozess integriert werden (Camenzind et al., 2021).

5.3 Kompetenzbereich Kommunikative Settings und Konzeption von Blended Counseling

Kompetenzbereich Kommunikative Settings und Konzeption von Blended Counseling (KK) Beratende …
kennen die Möglichkeiten zur Interaktion mit Klient*innen sowie die Herausforderungen, welche die verschiedenen kommunikativen Settings jeweils bieten (KK1);
sind in der Lage, den Blended-Counseling Prozess konzeptionell zu fundieren (z.B. mittels Szenarien) (KK2);
sind in der Lage, aus verschiedenen kommunikativen Settings jene zu wählen, die zur Bedürfnislage der Klient* innen sowie zur Zielsetzung des Prozesses passen (KK3);
sind in der Lage, sich dem jeweiligen kommunikativen Setting angepasst auszudrücken und auf das Gegenüber zu reagieren (inkl. Netiquette) (KK4);
sind in der Lage, die Vielfalt von Lebenslagen und Kulturen im Hinblick auf die Wahl der kommunikativen Settings im Beratungsprozess adäquat zu berücksichtigen (KK5);
sind in der Lage, auch im digitalen Setting prozess-orientiert zu beraten (KK6).

Abbildung 9: *Kompetenzbereich Kommunikative Settings und Konzeption von Blended Counseling*

Der Kompetenzbereich „Kommunikative Settings und Konzeption von Blended Counseling" (KK) gehört ebenfalls zur „Ebene Berater*in". Dieser Bereich ist in der Modelldarstellung bewusst in der Mitte angesiedelt und etwas größer als die anderen Kompetenzbereiche dargestellt. Diese Darstellung wurde so gewählt, weil dieser Kompetenzbereich aus Sicht der Autorinnen den Kern von Blended Counseling ausmacht, durch den sich das Modell deutlich von Kompetenz-Überlegungen zur Onlineberatung abhebt. Der Kompetenzbereich umfasst unter anderem die konzeptionelle Fundierung von Blended Counseling, die professionelle Auswahl geeigneter kommunikativer Settings sowie eine zielführende Prozessgestaltung. Der zentrale Kompetenzbereich besteht aus sechs operationalisierten Kompetenzen, die im Folgenden ausgeführt werden.

Kompetenz KK1: *Beratende kennen die Möglichkeiten zur Interaktion mit Klient*innen sowie die Herausforderungen, welche die verschiedenen kommunikativen Settings jeweils bieten.*

Diese Kompetenz ist angelehnt an die Dimension „Medienwissen und Medialitätsbewusstsein" von Groeben (2002, S. 166ff.) und umfasst grundsätzliches Wissen darüber, welche Medien – bzw. hier: welche kommunikativen Settings für Beratung – es gibt, wie diese beraterisch genutzt werden können und welche Chancen, aber auch Herausforderungen sie mit sich bringen. So gilt es beispielsweise, die Unterschiede und Eigenschaften synchroner und asynchroner Settings zu kennen und zu wissen, welche spezifischen Möglichkeiten sowie Vor- und Nachteile einzelne Settings aufweisen. Bei Hörmann, Tschopp und Wenzel (2023) findet sich eine ausführliche Beschreibung der kommunikativen Settings, in der neben den jeweiligen Vor- und Nachteilen auch spezifische Anforderungen an Beratende genannt werden, welche die Settings jeweils mit sich bringen. Exemplarisch werden hier die kommunikativen Settings Video und Messenger angeführt, da die Darstellung aller kommunikativen Settings den Rahmen sprengen würde:

Tabelle 9: *Kennzeichen der Videoberatung (vgl. Hörmann et al., 2023, S. 31f.)*

Videoberatung	**Synchrone, audiovisuelle Form der Kommunikation**	
Vorteile	**Nachteile**	**Anforderungen an Beratende**
❖ reichhaltigste Kommunikationsform im digitalen Setting: – Mimik und Gestik sichtbar – nonverbale Reaktionen wahrnehmbar ❖ geringer Ressourcenaufwand, da räumlich flexibel ❖ auch Beratung im Mehr-Personen-Setting gut möglich ❖ Dokumente können geteilt werden ❖ ggf. Einblick in Teile der Lebenswelt der Klient*innen ❖ beraterisch gut geeignet für Mehr-Personen-Systeme (wenn z. B. Eltern an verschiedenen Orten sind)	❖ Hemmschwelle durch Scham und Unsicherheit vor der Kamera ❖ ggf. instabile Verbindung oder andere technische Probleme ❖ Vertraulichkeit bei üblichen Videokonferenzanbietern nicht ausreichend gewährleistet (Datenschutz) ❖ Blick ins „Wohnzimmer" ggf. für manche Klient*innen unangenehm oder bedrohlich ❖ keine spontane Kontaktaufnahme möglich ❖ eventuell Kosten für die Ratsuchenden (Datenvolumen)	❖ ruhiges Umfeld ohne störende Geräusche ❖ gute technische Ausstattung (auf beiden Seiten) ❖ sicherer Umgang mit den technischen Gegebenheiten ❖ Terminvereinbarung notwendig ❖ Kompetenzen für die Gestaltung des virtuellen Beratungsraum ❖ ggf. zusätzliche Kompetenzen für die Nutzung von Methodentools im Videosetting (z. B. Landkarten, Systembrett o. Ä.)

Bei der Messengerkommunikation lassen sich drei Nutzungsformen unterscheiden: schriftliche Kommunikation, die Kommunikation mittels Sprachnachricht sowie die Videotelefonie.

Tabelle 10: *Kennzeichen der Messengerberatung (vgl. Hörmann et al., 2023, S. 33f.)*

Messengerberatung	Schriftlich: asynchrone, textgebundene Form der Kommunikation	
Vorteile	**Nachteile**	**Anforderungen an Beratende**
❖ Kontaktaufnahme ortsungebunden und zeitlich immer möglich ❖ wechselseitiges, zeitnahes Antworten auf Anliegen möglich ❖ technisch asynchron, d. h. zeitversetztes Antworten möglich ❖ Dokumente und Fotos können übermittelt werden ❖ geeignet für kurze Infos ❖ vielen Klient*innen aus der Alltagskommunikation vertraut ❖ keine hohen Anforderungen an Schriftsprache	❖ Gefahr der Missverständnisse ❖ ggf. hohe Erwartungen der Klient*innen hinsichtlich Erreichbarkeit und Antwortschnelligkeit ❖ Vertraulichkeit bei alltagsüblichen Messengers zumeist nicht ausreichend gewährleistet ❖ Vermischung mit Chat bei quasi-synchroner Nutzung	❖ hohe Anforderungen an den Datenschutz bei der Auswahl der Messengerdienste ❖ ggf. Nutzung spezieller Anbieter für die Beratung ❖ Zugriff auf Smartphone (Dienstgerät) und Internet ❖ klare Festlegung von Antwortschnelligkeit und Erreichbarkeit (Abgrenzung) ❖ ggf. Wechsel auf ein anderes kommunikatives Setting bei komplexen Anliegen
Messengerberatung	**Mündlich: asynchrone, textungebundene Form der Kommunikation**	
Vorteile	**Nachteile**	**Anforderungen an Beratende**
❖ mündliche Kommunikationsform => niederschwellig für Personen mit geringer Schriftsprachkompetenz ❖ zeitversetztes Antworten möglich ❖ auch längere Informationen möglich ❖ vielen Klient*innen aus der Alltagskommunikation vertraut	❖ Wartezeit, bis Antwort kommt ❖ nicht geeignet für dringende Anliegen ❖ ggf. hohe Erwartungen der Klient*innen hinsichtlich Erreichbarkeit und Antwortschnelligkeit	❖ Siehe oben

Messengerberatung	Videocall: synchrone, audiovisuelle Form der Kommunikation	
Vorteile	**Nachteile**	**Anforderungen an Beratende**
❖ ermöglicht die Kommunikation über unterschiedliche Sinneskanäle, was von manchen Klient*innen als vertrauter erlebt wird	❖ kann die Klient*innen überfordern, etwa durch die erforderliche Kameraführung.	❖ eher geeignet für Kurzberatungen

Kompetenz KK2: *Beratende sind in der Lage, den Blended Counseling-Prozess konzeptionell zu fundieren (z. B. mittels Szenarien).*

Dieser Aspekt des Kompetenzbereichs „Kommunikative Settings und Konzeption von Blended Counseling" beruht auf dem an der HSA FHNW entwickelten Verständnis von Blended Counseling, das sich auf die Definition und das dreidimensionale Modell von Hörmann et al. (2019, S. 23, aktualisiert 2023) stützt. Wenn Blended Counseling systematisch und konzeptionell fundiert umgesetzt werden soll, so erfordert dies eine Auseinandersetzung der Beratenden mit den klient*innenbezogenen und beratungsfachlichen Aspekten ihres zukünftigen Beratungsangebotes (vgl. Kapitel 2). Blended Counseling-Szenarien beinhalten Vorüberlegungen

- ❖ zur Ausgangslage
- ❖ zu den angestrebten Impactfaktoren
- ❖ zu den kommunikativen Settings
- ❖ zu möglichen Gründen für einen Wechsel des kommunikativen Settings
- ❖ zu den vorgesehenen technischen Lösungen.

Die Szenarienentwicklung erfolgt idealerweise im Team bzw. auf organisationaler Ebene, da sich die Berater*innen einer Organisation, welche die gleiche(n) Zielgruppe(n) beraten, über die Blended Counseling-Szenarien eine gemeinsame Grundlage schaffen (vgl. dazu ausführlich Hörmann et al., 2023). Dabei sind Szenarien als Hintergrundfolie zu verstehen, sozusagen als roter Faden für die Umsetzung, der jedoch flexibel und einzelfallorientiert angewendet wird. Wenn neue Klient*innengruppen, neue Settings oder neue Beratungsthemen vorgesehen sind, so ist es sinnvoll, die Szenarien weiterzuentwickeln oder zu ergänzen.

Kompetenz KK3: *Beratende sind in der Lage, aus verschiedenen kommunikativen Settings jene zu wählen, die zur Bedürfnislage der Klient*innen sowie zur Zielsetzung des Prozesses passen.*

Diese Kompetenz wurde zunächst abgeleitet aus der Dimension „Selektion/Kombination von Mediennutzung" (Groeben, 2002, S. 175ff.), in der es als zentral beschrieben wird, Medien bedürfnisgerecht und zielführend selektieren und kombinieren zu können (siehe auch Kapitel 3.1). Zudem wurde in der Formulierung der Kompetenz ein relevanter Aspekt des Blended Counseling-Modells berücksichtigt, nach dem es wesentlich ist, die jeweiligen Bedürfnisse der Klient*innen sowie die Zielsetzung der Beratung während des gesamten Blended Counseling-Prozesses im Blick zu behalten. Dies schließt auch die Frage ein, wer im Beratungsprozess den Wechsel des kommunikativen Settings steuert. Wenngleich Beratende in einer Vorstudie angegeben hatten, die Klient*innen würden das kommunikative Setting bei Blended Counseling bestimmen (Hörmann, 2018), so zeigten vertiefte Untersuchungen des Medienwechsels im Beratungsprozess, dass es zugleich auch Wechsel im Beratungsprozess gibt, die aktiv und beratungsfachlich begründet vonseiten der Beratenden eingeleitet wurden (Hörmann et al., 2019; Camenzind et al., 2021).

Diese Kompetenz bezieht sich demnach insbesondere auf den *Anlass* eines Medienwechsels im Beratungsprozess. Zu dieser Kompetenz gehört auch das Wissen, dass nicht alle Settings für alle Anliegen geeignet sind. So sollten sich Beratende beispielsweise im Klaren darüber sein, dass asynchrone Settings wie die E-Mail-Beratung nicht geeignet sind für dringende Anliegen (z. B. wenn eine akute Selbst- oder Fremdgefährdung droht), jedoch sehr gut eingesetzt werden können, wenn Klient*innen ein nicht dringendes Anliegen deponieren wollen – auch außerhalb der Erreichbarkeitszeiten der Beraterin oder des Beraters. Dieses Wissen gilt es, im Beratungsalltag bei der Auswahl möglichst passgenauer kommunikativer Settings zu berücksichtigen.

Kompetenz KK4: *Beratende sind in der Lage, sich angepasst an das jeweilige kommunikative Setting auszudrücken und auf das Gegenüber zu reagieren (inkl. Netiquette).*

Diese Kompetenz ist einerseits angelehnt an die Dimension „Produktive Partizipationsmuster" (Groeben, 2002, S. 176ff.), die sich unter anderem auf die Fähigkeit bezieht, digitale Werkzeuge und mediale Formen für eine überzeugende Kommunikation einzusetzen (siehe auch Kapitel 3.1). Andererseits basiert die Kompetenzformulierung auf dem in Kapitel 2 erläuterten Blended Counseling-Modell: Jedes (digitale und analoge) kommunikative Setting hat seine eigenen Kommunikationsregeln und -gepflogenheiten. So ist es zum Beispiel üblich, dass bei der (asynchronen) Kommunikation/Beratung über E-Mail gewisse Formalitäten eingehalten werden und die Formulierungen sowie die Struktur durchdacht und ausgearbeitet sind. Es gibt hierfür verschiedene Lesetechniken und Strukturierungshilfen, die bei der Bearbeitung von Mailanfragen zu Hilfe genommen werden können (vgl. Engelhardt, 2021; Brunner, 2006; Knatz, 2009; Knatz & Dodier, 2003).

In der Chatkommunikation und -beratung wird hingegen ungezwungener und informeller formuliert und eine mit Bedacht gewählte, umfassende Strukturierung des Geschriebenen ist aufgrund der Geschwindigkeit kaum möglich. Hier kommt der „Oraliteralität" – also einer „Kombination von Elementen gesprochener und geschriebener Sprache" (Hintenberger, 2010, S. 4) – sowie dem Einsatz nichtsprachlicher Elemente eine besonders große Bedeutung zu: In der Chatkommunikation werden bewusst Elemente der mündlichen Sprache in die schriftliche Sprache integriert und durch den Einsatz von Emojis und Akronymen können Emotionen und Gedanken nonverbal abgebildet werden (vgl. z. B. Engelhardt, 2021; Hintenberger, 2006; Hintenberger, 2010). Für die Chatberatung gelten also andere Regeln und Gepflogenheiten als für die Mailberatung – obwohl es sich bei beiden um schriftliche Beratungssettings handelt. Analog zu den zwei beispielhaft aufgeführten kommunikativen Settings haben auch sämtliche andere (potenziell) für Blended Counseling nutzbare Settings eigene Kommunikationsregeln. Diese sollten den Beratenden für die jeweils genutzten Settings bekannt sein und sie sollten in der Lage sein, sie umzusetzen.

Kompetenz KK5: *Beratende sind in der Lage, die Vielfalt von Lebenslagen und Kulturen im Hinblick auf die Wahl der kommunikativen Settings im Beratungsprozess adäquat zu berücksichtigen.*

Diese Kompetenz ist angelehnt an den Kompetenzbereich „Umgang mit kultureller und sozialer Vielfalt" von Hartmann und Hundertpfund (2015; siehe auch Kapitel 3.2) und wurde in das Modell aufgenommen, um die Vielfalt der Lebenslagen zu berücksichtigen, wenn Klient*innen unterschiedliche Vorkenntnisse, Bedürfnisse sowie soziale und kulturelle Hintergründe aufweisen. So kann es sein, dass ein kommunikatives Setting wie die Messengerkommunikation für eine Person gut geeignet ist, für eine andere Person mit ähnlichem Anliegen aber nicht passt, weil diese beispielsweise nicht gerne via Messenger kommuniziert. Diese Individualität gilt es als Berater*in bei der Wahl der kommunikativen Settings zu berücksichtigen. Im MKBC-Projekt hat sich gezeigt, dass insbesondere Personen mit Migrationshintergrund bevorzugt eine Sprachnachricht im Blended Counseling-Prozess nutzten, um beispielsweise kurze Zwischenfragen zu stellen. Die Verwendung einer Sprachnachricht knüpfte an Erfahrungen aus der Alltagskommunikation der Klient*innen an und so generiert das kommunikative Setting „audiobasierte asynchrone Messengerkommunikation" eine niedrigschwellige Kontaktmöglichkeit zwischen (Face-to-Face-)Beratungsgesprächen. Durch den Einsatz von Sprachnachrichten können Klient*innen ihr Anliegen ohne zeitliche und/oder örtliche Gebundenheit unkompliziert mündlich deponieren, wohingegen Personen ohne Migrationshintergrund vielleicht eher die schriftliche Messengerkommunikation bevorzugen würden (Camenzind et al., 2021). Auch das Alter der Klient*innen kann einen Einfluss auf die Wahl der kommunikativen Settings im Beratungsprozess haben: Bei Jugendlichen gehört die E-Mail kaum zu den bevorzugten Kommunikationssettings, weit über 90 % der Jugendlichen und jungen Erwachsenen in Deutschland und in der Schweiz nutzen aber täglich oder mehrmals wöchentlich einen Messengerdienst (vgl. Beisch & Koch, 2021; Bernath, Suter, Waller, Külling, Willemse & Süss, 2020). Von den über 70-Jährigen in Deutschland nutzen hingegen nur rund die Hälfte mindestens wöchentlich einen Messengerdienst (Beisch & Koch, 2021) und es ist davon auszugehen, dass ein Teil der Menschen in dieser Altersgruppe keine mobilen Geräte besitzen (vgl. Seifert, Ackermann & Schelling, 2020; sowie Seifert & Schelling, 2015, für eine Übersicht zur Nutzung von Informations- und Kommunikationstechnologien durch über 65-Jährige in der Schweiz). Die berufliche oder familiäre Eingebundenheit kann ebenfalls eine Rolle spielen bei der Wahl der genutzten Beratungssettings: Bei Klient*innen, die Vollzeit berufstätig und/oder mit der Betreuung von Angehörigen (Kinder, pflegebedürftige Eltern etc.) ausgelastet sind, kann beispielsweise der Einsatz von asynchronen Settings besonders geeignet sein, da Anliegen auch außerhalb der Öffnungszeiten der Beratungsstelle deponiert werden können (z. B. nach Feierabend oder wenn die Kinder im Bett sind). Auch die finanzielle Lage von Klient*innen muss bei der Wahl des kommunikativen Settings ggf. berücksichtigt werden. So kann es sein, dass manche Klient*innen kein unlimitiertes Internet-/Datenabonnement haben und sich deshalb z. B. eine Videoberatung schlicht nicht leisten können. Wenn man passgenaue Beratungsangebote bieten und an der Lebenswelt der Klient*innen anknüpfen möchte, gilt es, solche Faktoren adäquat zu berücksichtigen.

Kompetenz KK6: *Beratende sind in der Lage, auch im digitalen Setting prozessorientiert zu beraten.*

Dieser Aspekt knüpft direkt an KK3 an und betont die Prozessorientierung als wesentlichen Faktor eines gelingenden Blended Counseling: Neben der Wahl eines zum Prozess passenden kommunikativen Settings spielen auch Überlegungen zur Dauer der einzelnen Beratungskontakte sowie zum Abstand zwischen den Beratungskontakten eine Rolle. So lässt sich beispielsweise über digitale Kurzkontakte der Beratungsprozess gezielt intensivieren oder auch durch die Nutzung der asynchronen Mailberatung gezielt entschleunigen (vgl. Hörmann, 2020a). Auch Überlegungen zur methodischen Gestaltung des Beratungskontaktes können bei der prozessorientierten Auswahl eine Rolle spielen: So sind beispielsweise im Rahmen der Videokommunikation zahlreiche systemische Methoden vielfältig einsetzbar,[12] wohingegen die beratungsmethodischen Möglichkeiten in der schriftbasierten Messengerkommunikation eher eingeschränkt sind.

Die Selbstfürsorge der Beratenden sollte ebenfalls in den Blick genommen werden, denn teilweise generieren kommunikative Settings, wie beispielsweise die Kommunikation per Messenger, hohe Erwartungen aufseiten der Klient*innen hinsichtlich der Erreichbarkeit der Beratenden und der Antwortgeschwindigkeit. Hier gilt es im Zuge einer professionellen Steuerung des Beratungsprozesses klare und transparente Informationen zu den Rahmenbedingungen und Möglichkeiten zu geben – beispielsweise im Rahmen eines Erstgesprächs Blended Counseling oder auch im Prozess an geeigneter Stelle (vgl. Hörmann et al., 2019).

Die Prozessgestaltung wird auch tangiert von den technischen Lösungen, denn wenn ein*e Berater*in im Blended Counseling mit der Kombination von technischen Einzellösungen arbeitet, so ist zu berücksichtigen, dass der Wechsel des kommunikativen Settings zugleich auch einen Medienbruch generiert. Dies ist bei einer Plattformlösung, die mehrere kommunikative Settings miteinander verknüpft, nicht der Fall (vgl. dazu ausführlich Hörmann et al., 2023).

5.4 Kompetenzbereich Tools und Technik für Blended Counseling

Der Kompetenzbereich „Tools und Technik für Blended Counseling“ (TT) umfasst beraterische Kompetenzen, die für die Praxis von Blended Counseling von zentraler Bedeutung sind. Der Kompetenzbereich besteht aus vier operationalisierten Kompetenzen, die sich auf technisches Know-how und insbesondere auf Kenntnisse über technische Lösungen sowie die Anwendung bestimmter Tools und Plattformen in der Beratung im digitalen Setting beziehen.

Kompetenz TT1: *Beratende verfügen über aktuelles Grundlagenwissen zu IT-Hardware und beratungsrelevanter Software.*

Diese Kompetenzformulierung ist erneut angelehnt an die „Qualitätsstandards Onlineinterventionen“ für Fachpersonen Beratung des FSP (2017). Genau wie für Onlineberatung ist das entsprechende Grundlagenwissen für Blended Counseling von zen-

12 Vgl. dazu beispielsweise die Angebote von Coachingspace (https://coachingspace.net) und CAI World (https://www.cai-world.com), die auf ihrer Plattform explizit auf beratungsmethodische Tools im digitalen Setting fokussieren (vgl. dazu auch Hörmann, Kirchhofer & Camenzind, 2020).

traler Bedeutung. Auch wenn Entscheidungen bezüglich Hardware und Software oft auf organisationaler Ebene gefällt werden, sollten (angestellte) Berater*innen als kompetente Anwender*innen über grundlegende Kenntnisse hinsichtlich sicherer und beratungsfachlich geeigneter Tools und Plattformen verfügen, damit Blended Counseling erfolgreich umgesetzt werden kann – auch als Voraussetzung für die weiteren Aspekte dieses Kompetenzbereichs.

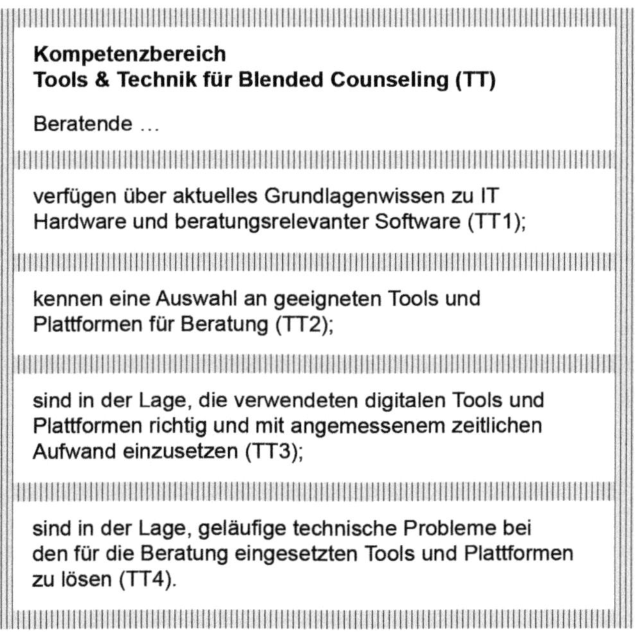

Abbildung 10: *Kompetenzbereich Tools und Technik für Blended Counseling*

Kompetenz TT2: *Beratende kennen eine Auswahl an geeigneten Tools und Plattformen für Beratung.*

Die Umsetzung von Blended Counseling, basierend auf der gezielten Kombination von verschiedenen kommunikativen Settings, kann dann gelingen, wenn Beratende in der Lage sind, aus den potenziell zur Verfügung stehenden technischen Lösungen eine für das Anliegen passende Auswahl zu treffen.

So standen beispielsweise im MKBC-Projekt im Rahmen der Erprobung von Blended Counseling zwei Videokommunikationstools zur Verfügung (vgl. Camenzind et al., 2021, S. 13, S. 50–53):

- ELVI (vgl. https://elvi.de/): Dieses Tool war für längere, geplante Videoberatungen vorgesehen
- Threema (Videoanrufe): Die Nutzung der Videoanruf-Funktion des Messengers Threema war für kurze, auch spontane Videoberatungen vorgesehen.

Hier war im Vorfeld der Erprobung entschieden worden, orientiert an den Beratungsformaten der Mütter- und Väterberatung (geplante Face-to-Face-Beratung, Kurzberatung im Quartierszentrum, Hausbesuch), für die Videoberatung zwei verschiedene Tools zur Verfügung zu stellen. Dies ermöglichte zum einen längere geplante Gespräche, die in der Regel am PC stattfinden sollten, zum anderen aber auch Kurzberatungen von 10 bis 15 Minuten, bei denen die Klient*innen in der Regel über das Smartphone Kontakt zur Beraterin aufnehmen konnten.

Im Rahmen des MKBC-Projekts wurden als Auswahlkriterien für technische Lösungen für Blended Counseling die funktionale Passung für das Beratungssetting, die Gewährleistung von Datenschutz und Datensicherheit, die Benutzer*innenfreundlichkeit, die technische Stabilität sowie die Möglichkeit zur Einbettung in das organisationale Setting identifiziert (Camenzind et al., 2021, S. 68f.). Risau (2019) zeigt weitere Kriterien bzw. Anforderungen und mögliche Fragestellungen auf, die bei der Auswahl von Tools und Plattformen für Beratung im digitalen Setting berücksichtigt werden sollten. Für Blended Counseling zudem bedeutsam ist die Entscheidung zwischen einer Systemlösung oder der Kombination von Einzellösungen[13] sowie zwischen beratungsspezifischen versus beratungsunspezifischen Lösungen.

Wurde auf organisationaler Ebene eine Beratungsplattform favorisiert, so ist dieser Kompetenzaspekt etwas nachgeordnet, da auf dem Markt vorfindbare Beratungsplattformen seit kurzer Zeit auch die Option der Verknüpfung verschiedener kommunikativer Settings für ein Blended Counseling vorgesehen haben (Silfverberg et al., 2022).

Darüber hinaus sollten technische Lösungen immer auch beratungsfachlich betrachtet werden. Leitfrage dabei ist: „Was muss eine technische Lösung bieten, damit professionell in einem Blended Counseling-Prozess beraten werden kann?" Mögliche konzeptionelle beratungsfachliche Aspekte bei der Entscheidung für eine technische Lösung können sein (vgl. Silfverberg & Hörmann, 2022):

- Vielfalt der kommunikativen Settings
- Möglichkeit zur Asynchronität
- Möglichkeit der Anonymität

13 Vgl. dazu auch das Kapitel „Technik für die Beratung im digitalen Setting" in Hörmann et al., 2023.

- Niedrigschwelliger Zugang
- Methodische Möglichkeiten (beratungsspezifische Methodentools).

Für Blended Counseling ist insbesondere die Vielfalt der kommunikativen Settings relevant, also die Frage, was die technische Lösung ermöglicht:

- ausschließlich Distanzberatung in einem kommunikativen Setting?
- Blended Counseling?
- Blended Online Counseling?
- Können verschiedene (synchrone und asynchrone Settings) prozessorientiert und fallbezogen miteinander verknüpft werden?

Im Rahmen eines Projektes wurden diese Aspekte systematisch in einem Schaubild verdeutlicht:

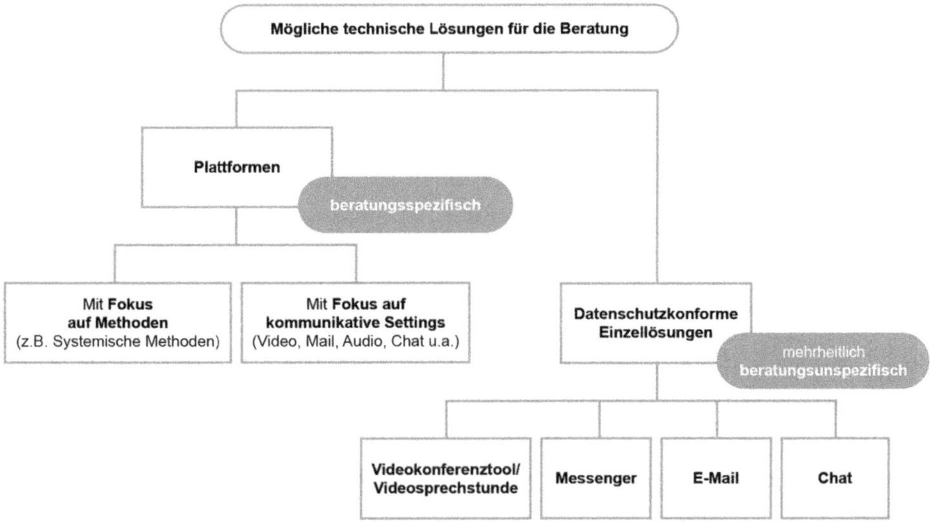

Abbildung 11: *Systematik technischer Lösungen für Beratung (Silfverberg & Hörmann, 2022, S. 30)*

Neben der Kenntnis der Möglichkeiten und Grenzen technischer Lösungen (z. B. Tools für sichere E-Mail-Kommunikation oder für datenschutzkonforme Video- bzw. Chatberatung) beinhaltet dieser Kompetenzaspekt auch die Kenntnis im Hinblick auf beratungsmethodische Tools, die innerhalb eines bestimmten kommunikativen Settings zusätzlich zur Anwendung kommen können. Dies können zum Beispiel Visualisierungstools oder Bildkarten für den Einsatz während einer Videoberatung sein.

Kompetenz TT3: *Beratende sind in der Lage, die verwendeten digitalen Tools und Plattformen richtig und mit angemessenem zeitlichen Aufwand einzusetzen.*

Dieser Kompetenzaspekt baut auf den ersten beiden Kompetenzen des Bereichs „Tools und Technik für Blended Counseling“ auf und ist von zentraler Bedeutung, damit Fachpersonen Beratungen in digitalen Settings professionell umsetzen können. Nur wenn ein*e Berater*in alle für die Beratung erforderlichen Funktionen der ausgewählten und im Beratungsprozess eingesetzten Tools und Plattformen kennt und fachgerecht anwenden kann, ist ein zielführender und kompetenter Einsatz der technischen Lösungen sichergestellt. Dies erfordert gegebenenfalls eine Schulung zu den verwendeten Tools und Plattformen (vgl. Kompetenz MB3 in Kapitel 5.1). Diese Kompetenz ist angelehnt an die „technologisch-instrumentellen Fertigkeiten“, die Groeben (2002, S. 168ff.) in der Dimension „Medienspezifische Rezeptionsmuster“ verortet.

Kompetenz TT4: *Beratende, sind in der Lage, geläufige technische Probleme bei den für die Beratung eingesetzten Tools und Plattformen zu lösen.*

Diese Kompetenz wurde aus der DigComp-Dimension „Problemlösung“ (vgl. Europäische Kommission, 2018, S. 8) abgeleitet und in das Modell integriert, weil kleinere technische Probleme aufseiten der Berater*innen erfahrungsgemäß vorkommen können und es notwendig ist, diese rasch zu lösen, damit es nicht zu Verzögerungen, Terminverschiebungen und dadurch zu Unzufriedenheiten bei den Klient*innen führt (vgl. z. B. Camenzind et al., 2021). Dieser Aspekt umfasst einerseits, dass Berater*innen geläufige und einfach zu lösende Herausforderungen bei den verwendeten technischen Lösungen selbst zeitnah beheben können. Andererseits ist hier auch die Kompetenz inbegriffen, dass Berater*innen bei größeren technischen Problemen, die sie selbst nicht innerhalb einer bestimmten Frist beheben können, das Problem mithilfe eines (internen oder externen) IT-Supports lösen können.

5.5 Kompetenzbereich Datenschutz und Vertraulichkeit für Beratung im digitalen Setting

Der Kompetenzbereich „Datenschutz und Vertraulichkeit für Beratung im digitalen Setting“ (DV) gehört ebenfalls der „Ebene Berater*in“ an, weil es sich um Kompetenzen handelt, die für die konkrete Umsetzung von Blended Counseling von Relevanz sind.

Der Kompetenzbereich basiert auf dem Grundsatz, dass Beratung einen vertraulichen Rahmen erfordert und persönliche Daten der Klient*innen zu jeder Zeit geschützt werden sollen (DGOB & DGFS, 2017; Hörmann et al., 2023; Hörmann et al., 2019). Dies gilt für Beratungen im digitalen Setting genauso wie für Face-to-Face-Beratungen vor Ort.

In den Gruppendiskussionen des MKBC-Projekts (vgl. Kapitel 4) waren vereinzelt Mütter- und Väterberaterinnen der Ansicht, dass Kompetenzen hinsichtlich Datenschutz und -sicherheit mehrheitlich oder ausschließlich in der organisationalen Dimension von Blended Counseling angesiedelt sein sollten, da entsprechende Abklärungen oftmals organisational getroffen werden.

Dies verdeutlicht die Notwendigkeit, die „Zuständigkeiten" der jeweiligen Ebene deutlich zu kennzeichnen.

Auf der Ebene der Beratungspersonen gilt es

- sicherzustellen, dass für vertrauliche Daten nur digitale Anwendungen genutzt werden, die den Datenschutzanforderungen gerecht werden
- die Vertraulichkeit des Beratungskontaktes auch und gerade im digitalen Setting zu gewährleisten sowie
- Klient*innen für die Wichtigkeit der Vertraulichkeit im Beratungssetting zu sensibilisieren.

Organisational gilt es zu klären,

- wo personenbezogene und deshalb schützenswerte Daten anfallen
- welches die zuständigen Behörden für die Datenschutzaufsicht sind
- inwieweit es über den Datenschutz hinaus auch Berufsgeheimnisse zu schützen gilt und
- wie Datensicherheit gewährleistet werden kann.

Auf einer personenbezogenen Ebene (sowohl Klient*innen als auch Beratende) gilt es sicherzustellen, dass

- ausschließlich sichere Passwörter verwendet werden
- die verwendeten Geräte auch physisch geschützt sind
- keine Programme aus unsicherer Quelle verwendet werden und
- E-Mails nur aus sicherer Quelle geöffnet werden.

Kompetenzbereich
Datenschutz und Vertraulichkeit für Beratung im digitalen Setting (DV)

Beratende ...

kennen die rechtlichen Rahmenbedingungen insbesondere zu Datenschutz und Datensicherheit für die Nutzung verschiedener technischer Lösungen in der Beratung (DV1);

sind sich möglicher Risiken und Bedrohungen im digitalen Umfeld bewusst (DV2);

sind in der Lage, in der Beratung datenschutzrelevante Aspekte einzuhalten und einen vertraulichen Rahmen herzustellen (DV3).

Abbildung 12: *Kompetenzbereich Datenschutz und Vertraulichkeit für Beratung im digitalen Setting*

Kompetenz DV1: *Beratende kennen die rechtlichen Rahmenbedingungen insbesondere zu Datenschutz und Datensicherheit für die Nutzung verschiedener technischer Lösungen in der Beratung.*

Diese Kompetenz wurde aus der Dimension „Medienwissen und Medialitätsbewusstsein“ (Groeben 2002, S. 166ff.) sowie aus der Dimension „Sicherheit“ des DigComp-Modells (vgl. Europäische Kommission, 2018, S. 8) abgeleitet. Während sich Groeben (ebd., S. 167) eher allgemein auf Wissen in Bezug auf „wirtschaftliche, rechtliche und politische Rahmenbedingungen einzelner Medien“ bezieht, wird in der Dimension „Sicherheit“ des DigComp-Modells explizit auf die Sicherheit persönlicher Daten eingegangen. Kenntnisse bezüglich Datenschutz und Datensicherheit sind notwendig für die Umsetzung einer vertraulichen Beratung im digitalen Setting. Diese Kompetenz ist somit eine Voraussetzung für die anderen beiden Kompetenzen dieses Bereichs.

Zentrale Anforderungen an technische Lösungen für die Gewährleistung einer vertraulichen Beratung sind (vgl. Hörmann et al., 2019; Wenzel, 2013; Hörmann et al., 2023):

- eine sichere Serverinfrastruktur (idealerweise mit Serverstandort Schweiz oder Deutschland)

- ein verschlüsselter Datentransfer (mit Ende-zu-Ende-Verschlüsselung)
- eine Verschlüsselung der gespeicherten Inhalte (mit passwortgeschütztem Zugriff auf Beratungsinhalte)
- sowie idealerweise ein offener Quellcode der Software.

Kompetenz DV2: *Beratende sind sich möglicher Risiken und Bedrohungen im digitalen Umfeld bewusst.*

Diese Kompetenz ist angelehnt an die Dimension „Sicherheit" im DigComp-Modell und fokussiert die Tatsache, dass sich die Risiken und Bedrohungen im digitalen (Beratungs-)Setting deutlich von möglichen Risiken einer Face-to-Face-Beratung vor Ort unterscheiden. Die Kompetenz fokussiert das Bewusstsein über den eigenen Umgang mit digitalen Medien und insbesondere auch die (Daten-)Spuren, die bei der Verwendung von digitalen Tools und Plattformen entstehen.

Mit Blick auf die digitale Selbstbestimmung können Beratende für sich selbst den Privat-o-Mat[14] verwenden (https://privat-o-mat.de/) und ggf. Klient*innen ermuntern, dies ebenfalls zu tun. Dieser kostenfrei zugängliche Online-Selbstreflexionsbogen regt dazu an, eigene (Alltags-)Entscheidungen zum Thema Datenschutz und zum Schutz der eigenen Privatsphäre zu reflektieren. Der Selbsttest zielt darauf, dass Menschen ihre Einstellung und ihr persönliches Verhalten zu Fragen der Datensicherheit reflektieren und besser verstehen. Basierend auf 15 Fragen zur Selbsteinschätzung wird ein persönliches Feedback generiert und die Person einem Datenschutztyp zugeordnet, zu dem dann spezifische Empfehlungen für den digitalen Alltag bzw. die digitale Selbstbestimmung gegeben werden.

Kompetenz DV3: *Beratende sind in der Lage, in der Beratung datenschutzrelevante Aspekte einzuhalten und einen vertraulichen Rahmen herzustellen.*

Während sich die beiden bisher genannten Kompetenzen auf (Vor-)Kenntnisse bezüglich Datenschutz, Datensicherheit und Vertraulichkeit beziehen, geht es im dritten Aspekt dieses Bereichs um die Handlungskompetenz in Bezug auf die Thematik. Dieser Aspekt ist an die „Qualitätsstandards Onlineinterventionen" für Fachpersonen Beratung der FSP (2017) und die DigComp-Dimension „Sicherheit" angelehnt. Zudem

14 Der Privat-o-Mat ist ein Kooperationsprojekt zwischen dem Institut für Digitale Ethik (IDE) an der Hochschule der Medien Stuttgart und dem Landesbeauftragten für Datenschutz und Informationsfreiheit Baden-Württemberg. Darüber hinaus unterstützt der Südwestrundfunk (SWR) das Projekt als Medienpartner (Eigendarstellung Website https://privat-o-mat.de/).

wurde dieser Aspekt explizit formuliert, da die Erfahrungen – nicht nur in der Pandemie – zeigen, dass selbst Berater*innen, die durchaus über Kenntnisse bezüglich Datenschutz und -sicherheit verfügen, teilweise auf unsichere technische Lösungen zurückgreifen, zum Beispiel, wenn diese einfacher in der Handhabung bzw. benutzer*innenfreundlicher sind als die datenschutzkonformen Alternativen oder wenn es bei Letzteren zu technischen Problemen kommt (vgl. z. B. Camenzind et al., 2021). Diese Erkenntnis zeigt, dass Datenschutzkenntnisse allein noch nicht reichen für eine sichere Umsetzung von Blended Counseling, sondern dass häufig eine gute Usability höher gewichtet wird. Schlussendlich braucht es beides sowie den Willen und die Fähigkeit, den Qualitätsstandard „Vertraulichkeit in der Beratung" in der Praxis zu realisieren und entsprechende Entscheidungen zu treffen.

5.6 Kompetenzbereich Reflexion und Evaluation

Kompetenzbereich
Reflexion & Evaluation (RE)

Beratende …

kennen ihre Einstellung zu digitalen Medien und haben ihre Medienbiografie reflektiert (RE1);

sind in der Lage, die Nutzung von digitalen Medien in der Beratung ethisch zu reflektieren (RE2);

sind in der Lage, digitale Medien einzuordnen und kritisch zu bewerten (RE3);

sind in der Lage, ihre Nutzung digitaler Medien im Anschluss an die Kommunikation zu überdenken und daraus Schlüsse für weitere Beratungen zu ziehen (RE4).

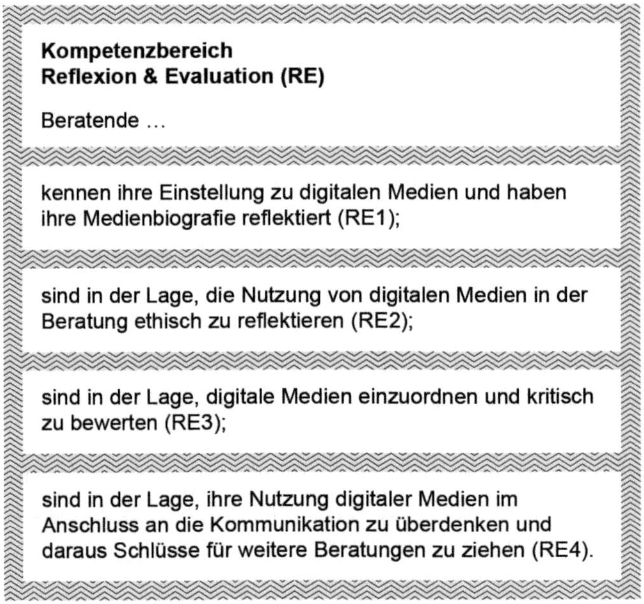

Abbildung 13: *Kompetenzbereich Reflexion und Evaluation*

Der Kompetenzbereich „Reflexion und Evaluation" (RE) ist ebenfalls in der „Ebene Berater*in" angesiedelt und beinhaltet vier Kompetenzen, die sich auf die Reflexion des eigenen Beratungshandelns im Rahmen von Blended Counseling-Prozessen sowie auf die Evaluation von laufenden und abgeschlossenen Beratungsprozessen im Blended-Format beziehen.

Kompetenz RE1: *Beratende kennen ihre Einstellung zu digitalen Medien und haben ihre Medienbiografie reflektiert.*

Diese Kompetenz wurde abgeleitet aus Überlegungen von Hörmann und Tschopp (2021) sowie von Wenzel (2018) und basiert auf der Annahme, dass die Kenntnisse der eigenen Medienbiografie[15] sowie die zielgerichtete Reflexion der eigenen Einstellungen zu digitalen Medien Voraussetzungen sind für die weitergehende Reflexion und Evaluation der Mediennutzung im Rahmen von Blended Counseling-Prozessen: Jeder Mensch hat eine ganz individuelle Geschichte hinsichtlich digitaler Medien. Während einige Personen sich noch an die Übertragung der Mondlandung in Kindheitstagen erinnern, gehören für andere Musik- und/oder Videokassetten zu den ersten Erinnerungen im Umgang mit Medien. Jüngere Personen sind hingegen mit den Kontakt- und Verweilmöglichkeiten des Internets aufgewachsen und können sich vielleicht kaum etwas anderes vorstellen, als per Messenger, Social Media oder Videochat zu kommunizieren. Ob ein oder eine Berater*in mit Drehscheibentelefon oder mit Social Media aufgewachsen ist, kann die Einstellung gegenüber – und vielleicht auch die Vertrautheit mit – digitalen Medien beeinflussen. Berater*innen, die ihre Erfahrungen mit digitalen Medien und ihre Einstellungen dazu (kritisch) reflektieren, können diese aktiv überdenken und sich bewusst dazu entscheiden, sich für neue Erfahrungen mit digitalen Medien zu öffnen.

Kompetenz RE2: *Beratende sind in der Lage, die Nutzung von digitalen Medien in der Beratung ethisch zu reflektieren.*

Diese Kompetenz wurde abgeleitet aus der Dimension „Medienbezogene Kritikfähigkeit" (Groeben, 2002), bei der unter anderem die Fähigkeit zur ethischen Reflexion der Mediennutzung enthalten ist. In der praktischen Umsetzung kann diese Kompetenz zum Beispiel bedeuten, dass sich Berater*innen überlegen, wen sie mit dem Angebot Blended Counseling vielleicht ausschließen oder überfordern und wie sie dem entgegensteuern können. Hier spielen die Diskurse zur Digitalen Teilhabe sowie zu Digitalen Ungleichheiten eine Rolle (vgl. Kutscher, 2010, 2019). Auch eine ethische Refle-

15 Bei Wenzel (2018) findet sich eine Übung „Medienkreise", welche dabei behilflich sein kann, die eigene Medienbiografie zu reflektieren.

xion der verwendeten Tools und Plattformen kann – über die Datensicherheit hinaus – sinnvoll sein. So ist beispielsweise ein Tool, das unangebrachte Werbung enthält, oder eine technische Lösung, die Minderheiten diskriminiert – z. B. indem nur wenig Auswahlmöglichkeiten und Vielfalt bezogen auf die Avatare oder Figuren verfügbar sind – aus ethischer Sicht ggf. nicht vertretbar. Die „Dritte Frankfurter Erklärung zur Beratung" (Forum Beratung in der DGVT, 2022) weist zudem auf die Notwendigkeit hin, Datafizierung und algorithmisch basierte Akteure und Prozesse kritisch zu hinterfragen.

Kompetenz RE3: *Beratende sind in der Lage, digitale Medien einzuordnen und kritisch zu bewerten.*

Basierend auf RE 2 fokussiert dieser Aspekt die Einordnung und kritische Bewertung. Dies ist insbesondere für einen möglichen Einsatz in der Beratung wichtig und korrespondiert zudem mit den im Kompetenzbereich „Datenschutz und Vertraulichkeit" formulierten Aspekten (siehe Kapitel 5.5). Die Kompetenz wurde abgeleitet aus der Dimension „Medienbezogene Kritikfähigkeit" (Groeben, 2002) und beinhaltet, dass sowohl verschiedene digitale Settings als auch technische Lösungen kritisch hinsichtlich möglicher Vor- und Nachteile eingeordnet und bewertet werden können. Auf der Ebene der Tools und Plattformen werden hier insbesondere Kriterien betreffend Datenschutz und Ethik fokussiert. Bei der kritischen Einordnung der Settings steht auch die Beachtung der jeweiligen Grenzen respektive Nachteile verschiedener kommunikativer Settings im Zentrum.

Des Weiteren korrespondiert dieser Aspekt im Hinblick auf die Bedarfe einzelner Zielgruppen und die erforderliche Lebensweltorientierung mit dem Kompetenzbereich „Kommunikative Settings und Konzeption von Blended Counseling", insbesondere mit den Kompetenzen KK1 und KK5 (siehe Kapitel 5.3).

Kompetenz RE4: *Beratende sind in der Lage, ihre Nutzung digitaler Medien im Anschluss an die Kommunikation zu überdenken und daraus Schlüsse für weitere Beratungen zu ziehen.*

Diese Kompetenz ist angelehnt an die Dimension „Anschlusskommunikationen" (Groeben, 2002; sowie Kapitel 3.1). Für die erfolgreiche Gestaltung und Umsetzung von Blended Counseling-Prozessen ist es von zentraler Bedeutung, dass diese nach dem Abschluss reflektiert werden und anschließend neue Ideen für zukünftige Beratungsprozesse in das Blended Counseling-Konzept einfließen können. So kann im Nachgang eines Beratungsprozesses beispielsweise nochmals gedanklich überprüft werden, wann der Einsatz bestimmter Settings und/oder beraterischer Methoden gut gepasst hat und wo im Nachhinein vielleicht ein anderes kommunikatives Setting oder eine andere beraterische Methode besser geeignet gewesen wäre. Diese Aspekte – die gegebenenfalls auch im Rahmen einer Abschlusssitzung gemeinsam mit den Klient*innen reflektiert werden können – bieten das Potenzial, dass spätere Klient*innen davon profitieren. Sie sollten auch genutzt werden, um bereits vorhandene Blended Counseling-Szenarien anzupassen oder neue Blended Counseling-Szenarien zu entwickeln (vgl. KK2 in Kapitel 5.3).

5.7 Kompetenzbereich Förderung der Medienkompetenz von Klient*innen

Der siebte und letzte Kompetenzbereich ist auf der „Ebene Klient*in" angesiedelt. Diese Ebene – und somit auch dieser Kompetenzbereich – beinhaltet Kompetenzen der Beratenden im Hinblick auf die Einschätzung, Förderung und Unterstützung der Medienkompetenz ihrer Klient*innen (MK). Fokussiert werden hier Kompetenzen der Beratenden, die sich im weitesten Sinne auf die vorhandenen und potenziellen Kompetenzen der Klient*innen beziehen.

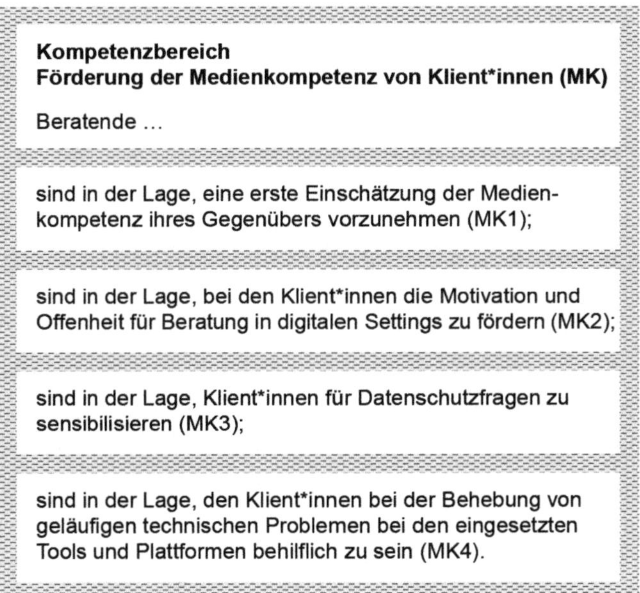

Abbildung 14: *Kompetenzbereich Förderung der Medienkompetenz von Klient*innen*

Kompetenz MK1: *Beratende sind in der Lage, eine erste Einschätzung der Medienkompetenz ihres Gegenübers vorzunehmen.*

Diese Kompetenzformulierung basiert auf den Ergebnissen verschiedener Forschungs- und Dienstleistungsprojekte im Arbeitsbereich Blended Counseling der HSA FHNW: Dabei wurde festgestellt, dass eine annähernd korrekte Einschätzung der Medienkompetenz der Klient*innen dabei behilflich sein kann, passende Entscheidungen im Hinblick auf die im Blended Counseling-Prozess vorgesehenen kommunikativen Settings und technischen Lösungen zu treffen. So haben beispielsweise im MKBC-Projekt mehrere Mütter- und Väterberaterinnen in der Gruppendiskussion angemerkt, dass ihnen diese Ersteinschätzung der Medienkompetenz von Klient*innen zu Beginn der Erprobungsphase nicht immer gelang: Offenbar haben mehrere Beraterinnen Blended Counseling anfangs vorwiegend Klient*innen vorgeschlagen, deren Muttersprache der Beratungssprache (meistens Deutsch) entsprach. Im Verlauf der Erprobungsphase machten sie aber unabhängig voneinander die Erfahrung, dass ein Großteil der Klient*innen mit Migrationshintergrund über spezifische Medienkompetenzen verfügt – unter anderem, weil diese Klient*innen digitale Kommunikationssettings und Tools beispielsweise für den Kontakt mit Angehörigen im Herkunftsland nutzten und insofern damit vertraut waren. Diese Erkenntnis half den Beraterinnen dabei, zukünftig passgenauere Angebote zu entwerfen und Entscheidungen zu treffen (vgl. Camenzind et al., 2021). Das Beispiel zeigt auch auf, wie wichtig es ist, dass die Einschätzung der Medienkompetenz von Klient*innen und das Interesse an Blended Counseling nicht auf Vorannahmen oder sogar Vorurteilen beruhen, sondern auch explizit abgefragt oder anderweitig erhoben werden (z. B. im Rahmen eines Blended Counseling-Erstgesprächs).

Kompetenz MK2: *Beratende sind in der Lage, bei den Klient*innen die Motivation und Offenheit für Beratung in digitalen Settings zu fördern.*

Diese Kompetenz wurde abgeleitet aus einer Kombination der Dimension „medienbezogene Genussfähigkeit" (Groeben, 2002, S. 170ff.), welche die motivationale Komponente von Medienkompetenz thematisiert, und dem Bereich „Förderung der digitalen Kompetenzen von Lernenden" (hier übertragen auf Klient*innen) des DigCompEdu-Modells (vgl. Redecker & Punie, 2019, S. 19f.). Die Motivation für Beratung in einem Blended Setting sowie eine gewisse Offenheit für digitalen Beratungssettings stellen – genau wie bei den Beratenden – auch aufseiten der Klient*innen eine Voraussetzung dar, damit Blended Counseling erfolgreich umgesetzt werden kann. Wenn Klient*innen hingegen widerwillig in einen Blended-Beratungsprozess einsteigen, besteht womöglich die Gefahr, dass sie sich weniger auf das Beratungsformat einlassen und deshalb schlussendlich auch weniger zufrieden sind mit dem Beratungsprozess und -ergebnis. Wie die Motivation und die Neugier bei den Klient*innen konkret gefördert werden können, hängt von der Ausgangslage und den individuellen Charakteristika der Klient*innen ab. So kann sich bei manchen Klient*innen die Nennung praktischer bzw. organisatorischer Vorteile des Einsatzes digitaler Kommunikationssettings positiv auswirken – zum Beispiel die Zeitersparnis, weil der Reiseweg entfällt, oder die Möglichkeit, ein Anliegen auch außerhalb der Erreichbarkeit der Berater*in (schriftlich) zu deponieren. Bei anderen Klient*innen kann die Motivation für digitale Beratungssettings wiederum geweckt werden, indem man auf Chancen von Blended Counseling-Prozessen hinweist; also beispielsweise auf die Möglichkeit, den Beratungsprozess durch mehrere kurze Kontakte zwischen Face-to-Face-Beratungen zu intensivieren oder die Nachsorgemöglichkeiten zu verbessern. Bei einigen Klient*innen können die Motivation und die Neugier hingegen gefördert werden, indem man einen spielerischen Zugang zu neuartigen Tools und Settings aufzeigt und z. B. Methoden wie ein digitales Systembrett oder eine Avatar-basierte Beratung anbietet. Was bei einer ratsuchenden Person motivierend wirkt, muss im Einzelfall betrachtet werden. Wichtig ist es jedoch, auch zu respektieren, wenn jemand – aus welchen Gründen auch immer – kein Interesse an einer Beratung im digitalen Setting hat und eine Face-to-Face-Beratung vor Ort bevorzugt.

Kompetenz MK3: *Beratende, sind in der Lage, Klient*innen für Datenschutzfragen zu sensibilisieren.*

Diese Kompetenz wurde abgeleitet aus dem DigCompEdu-Modell (vgl. Redecker & Punie, 2019, S.19f.; siehe auch Kapitel 3.3) und auf die Beratung übertragen: Für eine erfolgreiche und sichere Umsetzung von Blended Counseling ist ein Bewusstsein zur sicheren und verantwortungsvollen Nutzung digitaler Medien auch aufseiten der Klient*innen wichtig. In der Praxis scheinen viele Klient*innen Aspekte des Datenschutzes und der Datensicherheit als zweitrangig oder unwichtig zu erachten – zumindest legen dies die Ergebnisse der Gruppendiskussionen mit der Mütter- und Väterberatung im MKBC-Projekt nahe (vgl. Camenzind et al., 2021). So sagten nach Aussage der Mütter- und Väterberaterinnen etliche Elternteile, die eine Beratung in Anspruch nahmen, dass es ihnen egal wäre, wenn die Beratung über unsichere Tools erfolgen würde. Auch im Rahmen anderer Forschungs- und Dienstleistungsprojekte zeigte sich, dass Klient*innen teilweise über ein eher gering ausgeprägtes Datenschutzbewusstsein verfügen und oftmals technische Anwendungen bevorzugen, die sie bereits kennen bzw. installiert haben und die einfach zu bedienen sind – unabhängig davon, wie sicher diese sind. Hier gilt es als Berater*in aufzuklären und aufzuzeigen, weshalb die Nutzung sicherer Tools und damit zusammenhängend der vertrauliche Umgang mit sensiblen Daten wichtig ist. Wenn Klient*innen dies nachvollziehen können, sind sie eher bereit, für die Beratung sichere Tools und Plattformen zu nutzen.

Kompetenz MK4: *Beratende sind in der Lage, den Klient*innen bei der Behebung von geläufigen technischen Problemen bei den eingesetzten Tools und Plattformen behilflich zu sein.*

Vergleichbar mit der Kompetenz TT3 (siehe Kapitel 5.4), die besagt, dass Beratende in der Lage sein sollten, geläufige technische Probleme aufseiten der Berater*in zu lösen, gilt dies auch für geläufige Probleme aufseiten der Klient*innen – denn nur, wenn eine Beratung in digitalen Settings technisch (mehrheitlich) reibungslos verläuft, kann sie auch inhaltlich erfolgreich sein. Treten hingegen technische Schwierigkeiten auf, so können diese entweder von den eigentlichen Beratungsinhalten ablenken oder eine Beratung sogar verunmöglichen. Wenn die Beratenden den Klient*innen bei der Lösung geläufiger technischer Probleme behilflich sein können, hat dies gleich zwei positive Effekte: Einerseits kann die Beratung erfolgreich durchgeführt oder fortgesetzt werden und andererseits lernt der*die Klient*in dabei idealerweise auch, wie das Problem zukünftig umgangen oder selbstständig gelöst werden kann. Auch diese Kompetenz bezieht sich in erster Linie auf einfache und geläufige technische Schwierigkeiten. Bei größeren Problemen aufseiten der Klient*innen würde diese Kompetenz beinhalten, dass die Beratenden in der Lage sind, gemeinsam mit den Klient*innen einen geeigneten (internen oder externen) IT-Support zu nutzen.

6 Selbsteinschätzungsbogen Blended Counseling für Beratende

Wie in Kapitel 4 aufgezeigt, wurde anhand des Medienkompetenzmodells Blended Counseling ein Selbsteinschätzungsbogen entwickelt, der Fachpersonen – die (zumindest punktuell) bereits digitale Medien in der Beratung einsetzen – dabei behilflich sein kann, eine erste Einschätzung ihrer Medienkompetenzen für Blended Counseling vorzunehmen. Dadurch können sie erfahren, in welchen Bereichen noch Qualifizierungsbedarf besteht, damit eine erfolgreiche Umsetzung von Blended Counseling gelingen kann. In diesem Kapitel werden der Aufbau und das Auswertungsschema des Instruments beschrieben und diskutiert. Der vollständige Selbsteinschätzungsbogen befindet sich im Anhang.

6.1 Aufbau und Inhalte des Selbsteinschätzungsbogens

Der Selbsteinschätzungsbogen basiert sowohl betreffend Aufbau und Struktur als auch hinsichtlich der Inhalte auf dem im Kapitel 5 beschriebenen Medienkompetenzmodell Blended Counseling. So ist der Bogen ebenfalls in die sieben Kompetenzbereiche aufgeteilt:

- Motivation und Bewusstsein für Beratung im digitalen Setting
- Beratungsbeziehung und Beratungssystem
- Kommunikative Settings und Konzeption von Blended Counseling
- Tools und Technik für Blended Counseling
- Datenschutz und Vertraulichkeit für Beratung im digitalen Setting
- Reflexion und Evaluation
- Förderung der Medienkompetenz von Klient*innen

Die Items des Selbsteinschätzungsbogen beziehen sich auf die einzelnen Kompetenzen des Medienkompetenzmodells Blended Counseling – pro Kompetenzbereich gibt es demnach jeweils drei bis sechs Items; insgesamt umfasst das Instrument 27 Items zur Selbsteinschätzung. Im Gegensatz zum Modell wurde im Selbsteinschätzungsbogen aus Gründen der Übersichtlichkeit auf eine Unterteilung in die drei Ebenen „Ebene Voraussetzungen, „Ebene Berater*in“ und, „Ebene Klint*in“ verzichtet. Die

Auswertung der einzelnen Kompetenzbereiche erlaubt jedoch auch eine (zumindest grobe) Einschätzung der drei Ebenen – zumal es sich bei bei der „Ebene Voraussetzungen Berater*in" sowie bei der „Ebene Klient*in" um Ebenen handelt, die jeweils nur einen Kompetenzbereich umfassen. Weitere Informationen zur Auswertung finden sich im Kapitel 6.2.

Die Formulierung der Items entspricht der Formulierung der Kompetenzen des Medienkompetenzmodells Blended Counseling – überführt in die Ich-Form. So wurde beispielsweise aus der Kompetenzformulierung „Beratende sind motiviert, digitale Medien für die Kommunikation zu nutzen" die zu beurteilende Item-Aussage „Ich bin motiviert, digitale Medien für die Kommunikation zu nutzen". Die restlichen Formulierungen können im Bogen im Anhang betrachtet werden. Sämtliche Items des Selbsteinschätzungsbogens sollen – möglichst schnell und intuitiv – anhand einer fünfstufigen Skala mit den folgenden Antwortalternativen beurteilt werden:

- ☐ Trifft (noch) nicht zu (0)
- ☐ Trifft (noch) eher nicht zu (1)
- ☐ Trifft weder zu noch nicht zu (2)
- ☐ Trifft eher zu (3)
- ☐ Trifft zu (4)

Es wurde eine fünfstufige Skala gewählt, weil diese einerseits eine gewisse Differenzierung ermöglicht, die eine individuelle Einschätzung erlaubt, und andererseits aber auch nicht so komplex ist, dass eine Entscheidung allzu schwerfällt. Das Vorhandensein einer Mittelkategorie („Trifft weder zu noch nicht zu") ermöglicht zudem eine neutrale Einschätzung.

6.2 Auswertung und Interpretation des Selbsteinschätzungsbogens

Die Auswertung des Bogens erfolgt anhand eines Punktesystems, das selbstständig berechnet werden kann – die entsprechende Anleitung ist im Selbsteinschätzungsbogen enthalten. Die Antwort zu jedem Item ergibt eine bestimmte Punktzahl:

- ❖ Trifft (noch) nicht zu: 0 Punkte
- ❖ Trifft (noch) eher nicht zu: 1 Punkt
- ❖ Trifft weder zu noch nicht zu: 2 Punkte

- Trifft eher zu: 3 Punkte
- Trifft zu: 4 Punkte

Diese Punktzahlen können in einem ersten Schritt so zusammengezählt werden, dass eine Gesamtpunktzahl – und auch bereits eine verbale Klassifizierung – pro Kompetenzbereich berechnet werden kann. Diese erste Auswertungsstufe auf der Ebene der Kompetenzbereiche ermöglicht schon eine Klassifikation, wie es um die eigenen Kompetenzen in den sieben Kompetenzbereichen steht. Der Auswertungsschüssel wurde für diese Einschätzung wie folgt gewählt:

< 30 % der Maximalpunktzahl eines Bereichs = „Einsteiger*in“
30 %–59 % der Maximalpunktzahl eines Bereichs = „Entdecker*in“
60 %–84 % der Maximalpunktzahl eines Bereichs = „Insider*in“
> 84 % der Maximalpunktzahl eines Bereichs = „Expert*in“

Die Formulierungen der Klassifikationen sind angelehnt an den Selbsteinschätzungsbogen des DigCompEdu (Redecker & Punie, 2019) – diese wurden gewählt, weil sie entwicklungsorientiert angelegt und zudem durchgängig ressourcenorientiert formuliert sind.

In einem zweiten Auswertungsschritt, der am Ende des Selbsteinschätzungsbogens erfolgt, besteht einerseits die Möglichkeit, die weiter oben berechneten Ergebnisse zu den einzelnen Kompetenzbereichen zusammengefasst aufzuzeigen und zu reflektieren. Andererseits können die Punkte aus den einzelnen Kompetenzbereichen so umgewandelt werden, dass ein Gesamtergebnis der eigenen Medienkompetenz Blended Counseling über alle Kompetenzbereiche hinweg berechnet werden kann. Diese Umwandlung ist nötig, weil nicht alle Kompetenzbereiche über die gleiche Anzahl Items (= Kompetenzen) und somit über unterschiedliche Maximalpunktzahlen verfügen. Die Umwandlung geschieht jeweils mittels der verbalen Klassifizierungen in den einzelnen Kompetenzbereichen und wird dann nach folgendem Schema wieder in Punkte umgewandelt:

Einsteiger*in = 0 Punkte
Entdecker*in = 10 Punkte
Insider*in = 20 Punkte
Expert*in = 30 Punkte

Die maximale Gesamtpunktzahl beträgt nach diesem Schema demnach 210 Punkte: Wenn jemand bei allen sieben Kompetenzbereichen als „Expert*in" eingestuft wurde, erhält diese Person also für jeden der sieben Bereiche 30 Punkte und 7 x 30 = 210. Die Klassifikation der Gesamtpunktzahl ist so gewählt, dass man in eine bestimmte Kategorie kommt, wenn die Punktzahl mindestens 4 x derjenigen Kategorie und 3 x der eins untergeordneten Kategorie entspricht:

0–39 Punkte	=	Einsteiger*in Blended Counseling
40–109 Punkte	=	Entdecker*in Blended Counseling
110–179 Punkte	=	Insider*in Blended Counseling
180–210 Punkte	=	Expert*in Blended Counseling

Beispiel zur Veranschaulichung des Schlüssels: Jemand wurde in vier Kompetenzbereichen als „Insider*in" und in drei Kompetenzbereichen als „Entdecker*in" eingestuft. Diese Person hätte demnach 4 x 20 = 80 Punkte für die Einstufungen als „Insider*in" und 3 x 10 = 30 Punkte für die Einstufungen als „Entdecker*in". Die Gesamtpunktzahl beträgt somit 80 + 30 = 110 Punkte – das Gesamtergebnis wäre also (knapp) „Insider*in Blended Counseling".

Um die Interpretation des Gesamtergebnisses zu erleichtern, steht jeweils zusätzlich zur Punktzahl und zur verbalen Klassifizierung noch eine kurze Beschreibung des Ergebnisses zur Verfügung.

6.3 Anmerkungen zum Selbsteinschätzungsbogen

Wichtig ist an dieser Stelle zu erwähnen, dass es sich bei dem Selbsteinschätzungsbogen (noch) nicht um ein breit erprobtes und abgesichertes Instrument handelt. Vielmehr soll er eine erste Einschätzung der eigenen Medienkompetenz für Blended Counseling bieten und zur Selbstreflexion anregen. Es fand zwar eine erste Erprobung des Bogens im Rahmen des Bilanzworkshops im MKBC-Projekt statt (vgl. Kapitel 4), hierbei wurde allerdings eine vorläufige Version verwendet, die im Anschluss an die Veranstaltung nochmals überarbeitet wurde. So wurde insbesondere die Reflexionsmöglichkeit bei der Auswertung der Kompetenzbereiche aufgrund der Rückmeldungen aus dem Bilanzworkshop nachträglich eingefügt.

Wegen der begrenzten Erfahrung mit der Anwendung des Selbsteinschätzungsbogens ist zum aktuellen Zeitpunkt nicht ausgeschlossen, dass zukünftig noch Änderungen in den Inhalten oder im Auswertungsschlüssel vorgenommen werden – trotzdem wollten die Autorinnen das Instrument in der aktuellen Form zur Verfügung stellen, da es auch in dieser Form Fachpersonen dienlich sein kann. Rückmeldungen und Anregungen zum Bogen oder gar Bestrebungen, den Bogen empirisch zu überprüfen, sind indes sehr willkommen.

Vorläufig ist der Selbsteinschätzungsbogen nur als Paper-Pencil-Version und als PDF-Version – beides mit eigenhändiger Auswertung – verfügbar, es ist aber denkbar, dass zu einem späteren Zeitpunkt eine Onlineversion zur Verfügung stehen wird, bei welcher die Auswertung automatisch erfolgt und das Ergebnis abgespeichert und ausgedruckt werden kann.

7 Diskussion und Ausblick

Das Kompetenzmodell und der Selbsteinschätzungsbogen zu Blended Counseling können vielfältig genutzt werden und sollen in verschiedener Hinsicht einen Mehrwert bieten. In diesem Kapitel wird aufgezeigt, von wem und in welcher Form das Modell genutzt werden kann, und es wird ein Ausblick skizziert.

7.1 Überlegungen zur Nutzung des Modells

Bereits zu Beginn der Modellentwicklung standen Überlegungen dazu im Raum, an wen das Kompetenzmodell adressiert sein soll und wie bzw. wozu es genutzt werden kann. Diese Überlegungen wurden während des Erarbeitungsprozesses zunehmend konkreter und werden im Folgenden erläutert.

a) Nutzung des Modells für Beratende

Für Beratende, die bereits Blended Counseling anbieten, und für Beratende, die sich überlegen, dieses Beratungsformat zukünftig in ihr Angebot aufzunehmen, bietet das Modell einen Überblick über die dafür benötigten Kompetenzen.

Mithilfe des Modells – und insbesondere auch mittels des Selbsteinschätzungsbogens – können Beratende eine (Selbst-)Einschätzung ihrer Kompetenzen hinsichtlich Blended Counseling vornehmen. Dadurch können sie abschätzen, in welchen Bereichen sie bereits über ausgereifte Kompetenzen für eine erfolgreiche und professionelle Umsetzung dieses Formats verfügen und in welchen Bereichen noch Weiterbildungs- und/oder Übungsbedarf besteht. Für Fachpersonen, die bereits seit längerer Zeit Blended Counseling anbieten, kann diese Selbsteinschätzung als eine Standortbestimmung und Bestätigung der eigenen Kompetenzen dienen – sie kann aber auch bei versierten Beratenden durchaus aufdecken, dass in gewissen Bereichen noch Weiterbildungsbedarf besteht. Für Neulinge im Bereich Blended Counseling können insbesondere das Modell, aber ggf. auch der Selbsteinschätzungsbogen einerseits zu einem besseren Verständnis von Blended Counseling beitragen und andererseits ebenfalls eine erste Standortbestimmung ermöglichen. Mithilfe dieser Standortbestimmung können die angehenden Blended Counseling-Beratenden dann entscheiden, welche Aus- und Weiterbildungsangebote sie noch aufsuchen möchten.

Sowohl für angehende als auch für erfahrene Berater*innen kann das Medienkompetenzmodell Blended Counseling darüber hinaus auch nützlich sein, um mit anderen Beratenden – sei es innerhalb der eigenen Organisation oder organisationsübergreifend – über Blended Counseling und die dafür benötigten Kompetenzen in einen Austausch zu kommen. Dies kann einerseits eine kritische Diskussion (des Modells) beflügeln und andererseits können durch entsprechende Gespräche vorhandenes Wissen und Erfahrungen zu den einzelnen Kompetenzen weitergegeben und ausgetauscht werden.

b) Nutzung des Modells für Organisationen

Selbst wenn sich das Medienkompetenzmodell Blended Counseling in erster Linie auf die Kompetenzen von Berater*innen bezieht und weniger auf organisationale Aspekte von Blended Counseling fokussiert, kann das Modell auch auf organisationaler Ebene nützlich sein, um Einschätzungen vorzunehmen und Entscheidungen zu treffen. Für Organisationen, die sich überlegen, zukünftig Blended Counseling anzubieten, kann das Modell hilfreich sein, um die Qualifizierungsbedarfe der involvierten Mitarbeitenden einzuschätzen und entsprechende Qualifizierungsangebote zu planen. Für Organisationen, die bereits Blended Counseling anbieten, kann das Modell für die fortlaufende Qualitätssicherung nützlich sein. So kann beispielsweise anhand des Selbsteinschätzungsbogens eine (anonyme) Einschätzung der Medienkompetenzen sämtlicher Berater*innen in der Organisation, die Blended Counseling umsetzen, vorgenommen werden und dadurch eine Standortbestimmung des Unternehmens erfolgen. Außerdem bieten das Modell und der Selbsteinschätzungsbogen Organisationen, die bereits Blended Counseling anbieten, auch die Möglichkeit, die Kompetenzen der Mitarbeitenden individuell zu erfassen und mit passgenau zugeschnittenen Weiterbildungsangeboten zu fördern.

c) Nutzung des Modells für Weiterbildungsangebote

Neben dem Nutzen des Modells für Beratende und Organisationen kann das Medienkompetenzmodell Blended Counseling auch für Anbieter von Beratungsweiterbildungen hilfreich sein. Dies gilt insbesondere für Weiterbildungsangebote, die sich auf Blended Counseling fokussieren: Hier kann das Modell konkrete Hinweise dazu liefern, welche Kompetenzen im Rahmen der Weiterbildung vermittelt werden sollten und was die Weiterbildungsteilnehmenden nach Abschluss können sollten. Da Blended Counseling oftmals als Beratungsformat der Zukunft betrachtet wird, das sich längerfristig durchsetzen wird (vgl. z. B. Engelhardt & Reindl, 2016), kann und sollte das Modell auch bei der (Weiter-)Entwicklung von Weiterbildungsangeboten zu den Grundlagen der Beratung Anwendung finden. Zu einer zeitgemäßen, lebensweltnahen und flexiblen Beratung gehört nach Ansicht der Autorinnen der Einsatz von digitalen Beratungssettings schon heute dazu – damit dies erfolgreich gelingt, ist es unabdingbar, dass angehende Berater*innen bereits im Rahmen ihrer grundständigen Beratungsweiterbildung die dafür nötigen Kompetenzen erwerben und entwickeln.

7.2 Ausblick

Das Modell kann darüber hinaus auch zum wissenschaftlichen Diskurs im Bereich Blended Counseling beitragen. Forschende können das Modell als Grundlage für weiterführende Überlegungen und Forschungsprojekte zum Thema Blended Counseling nutzen. So ist eine Weiterentwicklung des Modells aufgrund neuer Erkenntnisse und Ideen möglich. Beispielsweise hat die Betrachtung von Blended Counseling auf einer Metaebene – wie in Kapitel 4.1 beschrieben – mehrere Vorteile. Für eine zukünftige Weiterentwicklung des Modells ist es aber durchaus denkbar, noch mehr in die Tiefe zu gehen und beispielsweise spezifische Kompetenzen für die Beratung in verschiedenen digitalen Kommunikationssettings zu erarbeiten. Eine zukünftige empirische Überprüfung des Modells und eine Weiterentwicklung auf dieser Basis ist nicht nur denkbar, sondern wird auch explizit gewünscht und angestrebt.

Zu überlegen wäre, ob und inwiefern sich das Modell auch in Teilen als Kompetenzmodell für die Distanzberatung respektive Onlineberatung eignet. Nach Ansicht der Autorinnen ist es nur der Kompetenzbereich „Kommunikative Settings und Konzeption von Blended Counseling“, der sich ausschließlich auf Blended Counseling bezieht.

Die anderen Kompetenzbereiche sind auch für ein Kompetenzmodell zur Distanzberatung nutzbar:

- ❖ Der Kompetenzbereich „Motivation und Bewusstsein für Beratung im digitalen Setting“ stellt auch für die Realisierung von Distanzberatung die Basis dar.
- ❖ Der Kompetenzbereich „Beratungsbeziehung und Beratungssystem“ ist grundlegend für ein beraterisches Handeln im digitalen Setting. Die professionelle Gestaltung der Begegnung und Beziehung im virtuellen Beratungsraum ist eine Kompetenz, die sowohl beim Blended Counseling als auch in der Distanzberatung relevant ist. In der Distanzberatung kommt hier der Aspekt der Anonymität hinzu, der im Blended Counseling in der Regel nicht gegeben ist (mit Ausnahme des Blended Online Counseling).
- ❖ Auch die Kompetenzbereiche „Tools und Technik“, „Datenschutz und Vertraulichkeit“ sowie „Reflexion und Evaluation“ ließen sich für ein Kompetenzmodell zur Distanzberatung adaptieren.

- Der Kompetenzbereich „Förderung der Medienkompetenz von Klient*innen“ lässt sich im Blended Counseling-Modell einfacher realisieren als in der Distanzberatung. Hier kann es – gerade im anonymen schriftbasierten asynchronen Setting – ggf. schwierig sein, konkrete Hilfestellungen zu geben, weshalb dieser Kompetenzbereich nur mit Einschränkungen für die Distanzberatung adaptiert werden könnte.

Der Beratungslandschaft ist eine rege Diskussion zu notwendigen Kompetenzen im 21. Jahrhundert zu wünschen. Es ist erfreulich, dass sich verschiedene Verbände wie die Deutsche Gesellschaft für Beratung (DGfB) mit ihrer Arbeitsgruppe Digitalisierung und Beratung oder der Schweizer Berufsverband für Coaching, Supervision und Organisationsberatung (BSO) auf den Weg gemacht haben, um das Thema Kompetenzen für digitale Beratung zu diskutieren und zu konkretisieren. Auch bleibt zu hoffen, dass es mehr Forschungsprojekte zu Blended Counseling und zu digitaler Beratung geben wird, um die gewonnenen Erkenntnisse auch empirisch abzusichern und den Fachdiskurs zu Blended Counseling weiter voranzubringen (vgl. Hörmann & Engelhardt, 2022).

Literatur

Beisch, N. & Koch, W. (2021). Aktuelle Aspekte der Internetnutzung in Deutschland. 25 Jahre ARD/ZDF-Onlinestudie: Unterwegsnutzung steigt wieder und Streaming/Mediatheken sind weiterhin Treiber des medialen Internets. *Media Perspektiven, 10,* 486–503.

Bernath, J., Suter, L., Waller, G., Külling, C., Willemse, I. & Süss, D. (2020). *JAMES – Jugend, Aktivitäten, Medien – Erhebung Schweiz.* Zürich: Zürcher Hochschule für Angewandte Wissenschaften.

Bundesamt für Statistik (BFS) (2018). *Digitale Kompetenzen, Schutz der Privatsphäre und Online-Bildung: die Schweiz im internationalen Vergleich.* Neuchâtel: Bundesamt für Statistik BFS. Verfügbar unter: https://www.bfs.admin.ch/bfsstatic/dam/assets/5306733/master [06.11.2022].

Bundesministerium für Bildung und Forschung (BMBF) (Hrsg.). (2010). *Kompetenzen in einer digital geprägten Kultur. Medienbildung für die Persönlichkeitsentwicklung, für die gesellschaftliche Teilhabe und für die Entwicklung von Ausbildungs- und Erwerbsfähigkeit.* Bonn/Berlin.

Brunner, A. (2006). Methoden des digitalen Lesens und Schreibens in der Online-Beratung. *e-beratungsjournal, 24,* 1–11. Verfügbar unter: http://www.e-beratungsjournal.net/ausgabe_0206/brunner.pdf [27.10.2022].

Camenzind, G. & Hörmann, M. (2021). Systemisch, flexibel und nahe an der Lebenswelt – Blended Counseling. *ausgesucht.bs. Magazin des Gesundheitsdepartements Basel-Stadt. Suchthilfe smart: gestern analog – morgen digital,* 10–14. Verfügbar unter: https://www.bs.ch/dam/jcr:e8584e3a-2b7b-4e83-9f1a-422348c3b5ce/AS-2021-11-02-50002_ausgesucht.pdf [06.11.2022].

Camenzind, G., Hörmann, M. & Tschopp, D. (2021). *Medienkompetenz als Basisvariable für Blended Counseling.* Schlussbericht. Verfügbar unter: https://irf.fhnw.ch/handle/11654/32730 [06.11. 2022].

Carretero, S., Vuorikari, R. & Punie, Y. (2017). *DigComp 2.1: The Digital Competence Framework for Citizens with eight proficiency levels and examples of use.* EUR 28558 EN. Luxembourg: Publications Office of the European Union. doi:10.2760/38842

Deutschsprachige Gesellschaft für psychosoziale Onlineberatung (DGOB) (2020). *Standards zur Anerkennung von Online-Berater*in, Online-Supervisor*in, Online-Coach.* Verfügbar unter: https://dg-onlineberatung.de/anerkennungs-standards/ [20.04.2022].

DGOB & DGFS (2017). *Vertraulichkeit von Onlineberatung und psychosozialen Hilfen besser schützen!* Verfügbar unter: https://www.dgsf.org/themen/stellungnahmen-1/vertraulichkeit-onlineberatung [06.11.2022].

DQ Institute (2022). (Digital Intelligence, DQ). *Global Standard on Digital Literacy, Digital Skills, and Digital Readiness* (IEEE 3527.1™ Standard). Verfügbar unter: https://www.dqinstitute.org/global-standards/ [06.11.2022].

Eichenberg, C. & Kühne, S. (2014). *Einführung in die Onlineberatung und -therapie. Grundlagen, Interventionen und Effekte der Internetnutzung.* München: UTB.

Engelhardt, E. M. (2013). Qualitätsmerkmale guter Onlineberatung – Aktuelle Anforderungen an Forschung und Praxis. *Zeitschrift für systemische Therapie und Beratung, 31* (3), 111–115.

Engelhardt, E. M. (2021). *Lehrbuch Onlineberatung* (2., erweiterte Auflage). Göttingen: Vandenhoeck & Ruprecht.

Engelhardt, E. M. & Piekorz, K. (2022). Einführung in die Onlineberatung per Messenger. *e-beratungsjournal.net, 1* (2), 18–33. Verfügbar unter: https://www.e-beratungsjournal.net/wp-content/uploads/2022/02/engelhardt_piekorz.pdf [27.10.2022].

Engelhardt, E. M. & Reindl, R. (2016). Blended Counseling – Beratungsform der Zukunft? *Resonanzen. E-Journal für biopsychosoziale Dialoge in Psychotherapie, Supervision und Beratung, 4* (2), 130–144.

Engelhardt, E. M. & Storch, S. D. (2013). Was ist Onlineberatung? – Versuch einer systematischen begrifflichen Einordnung der ‚Beratung im Internet'. *e-beratungsjournal.net, 9* (2), 1–12. Verfügbar unter: http://www.e-beratungsjournal.net/ausgabe_0213/engelhardt_storch.pdf [06.11.2022].

Europäische Kommission (2018). *Schlüsselkompetenzen für lebenslanges Lernen. Ein europäischer Referenzrahmen.* Anhang zum Vorschlag für eine Empfehlung des Rates zu Schlüsselkompetenzen für lebenslanges Lernen. Verfügbar unter: https://eur-lex.europa.eu/legal-content/DE/TXT/HTML/?uri=CELEX:52018DC0024&from=EN [06.11.2022].

Flammer, P. & Hörmann, M. (2018). Flexibel und passgenau beraten – Blended Counseling. *ZESO, Zeitschrift für Sozialhilfe, 3* (18), 16–18.

Föderation der Schweizer Psychologinnen und Psychologen (FSP) (2017). *Qualitätsstandards Onlineinterventionen für Fachpersonen Beratung.* Verfügbar unter: https://www.psychologie.ch/sites/default/files/media-files/2019-03/standards_online-interventionen_beratung_de.pdf [03.11.2022].

Forum Beratung in der DGVT (Deutsche Gesellschaft für Verhaltenstherapie, DGVT) (2022). *Dritte Frankfurter Erklärung zur Beratung.* Verfügbar unter: https://www.dgvt.de/fileadmin/user_upload/Dokumente/2022-04-11-DritteFrankfurterErklaerung-ForumBeratung-DGVT.pdf [27.10.2022].

Genner, S. (2019). *Aufwachsen im digitalen Zeitalter. Kompetenzen und Grundwerte im digitalen Zeitalter.* Im Auftrag der eidgenössischen Kommission für Kinder- und Jugendfragen EKKJ. Verfügbar unter: https://ekkj.admin.ch/fileadmin/user_upload/ekkj/02pubblikationen/Berichte/d_2019_EKKJ_Bericht_Digitalisierung.pdf [06.11.2022].

Groeben, N. (2002). Dimensionen der Medienkompetenz: Deskriptive und normative Aspekte. In N. Groeben & B. Hurrelmann (Hrsg.), *Medienkompetenz. Voraussetzungen, Dimensionen, Funktionen* (S.160–200). Weinheim/München: Juventa.

Hartmann, W. & Hundertpfund, A. (2015). *Digitale Kompetenz. Was die Schule dazu betragen kann.* Bern: hep Verlag.

Hintenberger, G. (2006). *taschentuchreich* – Überlegungen zur Methodik der Chatberatung. *e-beratungsjournal.net, 2* (2), 1–14. Verfügbar unter: https://www.e-beratungsjournal.net/ausgabe_0206/hintenberger.pdf [03.11.2022].

Hintenberger, G. (2010). Oraliteralität als Interventionsstrategie in der Mail-Beratung mit Jugendlichen. *e-beratungsjournal.net, 6* (2), 1–9. Verfügbar unter: https://www.e-beratungsjournal.net/ausgabe_0210/hintenberger.pdf [27.10.2022].

Hörmann, M. (2018). Blended Counseling. Mediennutzung und Potenzialeinschätzung in Handlungsfeldern der Sozialen Arbeit. *Soziale Arbeit, 6,* 202–209.

Hörmann, M. (2019a). Neues im Möglichkeitsraum. Impulse für die systemische Beratung im 21. Jahrhundert und deren Konsequenzen für die Aus- und Weiterbildung. *KONTEXT 50* (2), 149–162.

Hörmann, M. (2019b). *Systemische Beratung im Medienzeitalter – Anforderungen und Kompetenzen.* Vortrag auf dem DGSF-Fachtag zu Fort- und Weiterbildungsfragen „Systemische Praxis und Lehre im digitalen Wandel!?“ am 08.04.2020 in Karlsruhe. Verfügbar unter: https://www.researchgate.net/publication/338684682_Systemische_Beratung_im_Medienzeitalter_-_Anforderungen_und_Kompetenzen [20.04.2022].

Hörmann, M. (2020a). Systemisch beraten in digitalen Welten – Perspektiven und Herausforderungen. *Zeitschrift für systemische Therapie und Beratung, 4,* 143–149.

Hörmann, M. (2020b). Digital unterwegs im Möglichkeitsraum. In M. Vogt (Hrsg.), *Einfach kurz und gut 2.0. Lösungsfokussierte Kurzzeittherapie in Theorie und Praxis* (S. 119–127). Dortmund: Verlag Modernes Lernen.

Hörmann, M., Aeberhardt, D., Flammer, P., Tanner, A., Tschopp, D. & Wenzel, J. (2019). *Face-to-Face und mehr – neue Modelle für Mediennutzung in der Beratung.* Schlussbericht zum Projekt. Olten: HSA FH. Verfügbar unter: https://irf.fhnw.ch/handle/11654/27388 [20.04.2022].

Hörmann, M. & Engelhardt, E. (2022). Blended Counseling – Grundlagen, Aktuelles und Diskurslinien. *Zeitschrift für systemische Therapie und Beratung, 2,* 72–77.

Hörmann, M., Flammer, P. & Höchner, M. (2020). *Konzeptionelle Fundierung der Weiterentwicklung des Portals SafeZone.* Olten: FHNW. Verfügbar unter: https://www.prevention.ch/files/publicimages/Studie_SafeZone_HSA_FHNW_2020.pdf [06.11.2022].

Hörmann, M. & Gloor, S. (2022). Beratungslernen 2.0 – Reflexion einer Moduldurchführung im digitalen Setting. In H. Angenent, J. Petri & T. Zimenkova (Hrsg.), *Hochschulen in der Pandemie. Impulse für eine nachhaltige Entwicklung von Studium und Lehre.* Bielefeld: transcript.

Hörmann, M., Kirchhofer, R. & Camenzind, G. (2020). *Blended Supervision in der Beratungsweiterbildung.* Forschungsbericht. Olten: HSA FHNW. Verfügbar unter: https://irf.fhnw.ch/handle/11654/31768 [20.04.2022].

Hörmann, M. & Tschopp, D. (2021). *Digitale Beratung2 – in innovativen Umgebungen beraten (lernen): Konzeptionelle Überlegungen zu einem Weiterbildungsangebot.* Olten: HSA FHNW. Verfügbar unter:

https://www.blended-counseling.ch/wp-content/uploads/sites/56/2023/05/Hoermann_Tschopp_2021_Konzept_WB_Digitale_Beratung.pdf [28.04.2023].

Hörmann, M., Tschopp, D. & Wenzel, J. (2023). *Digitale Beratung in der Sozialen Arbeit.* Stuttgart: Kohlhammer.

Knatz, B. (2009). Das Vier-Folien-Konzept. In S. Kühne & G. Hintenberger (Hrsg.), *Handbuch Online-Beratung. Psychosoziale Beratung im Internet* (2. Aufl., S. 105–115). Göttingen: Vandenhoeck & Ruprecht.

Knatz, B. & Dodier, B. (2003). *Hilfe aus dem Netz: Theorie und Praxis der Beratung per E-Mail.* Stuttgart: Pfeiffer bei Klett-Cotta.

Kutscher, N. (2010). Digitale Ungleichheit: Soziale Unterschiede in der Mediennutzung. In G. Cleppien & U. Lerche (Hrsg.), *Soziale Arbeit und Medien* (S. 153–163). Wiesbaden: VS Verlag für Sozialwissenschaften. https://doi.org/10.1007/978-3-531-92376-5_10

Kutscher, N. (2019). Digitale Ungleichheit als Herausforderung für Medienbildung. *Die Deutsche Schule, 111* (4), 379–390. https://doi.org/10.31244/dds.2019.04.02

Maier-Gutheil, C. (2020). Kompetenz aus erwachsenenbildnerischer Perspektive und ihre Bedeutung für Lernprozesse im Kontext der Weiterbildung. In P. Bauer & M. Weinhardt (Hrsg.), *Systemische Kompetenzen entwickeln. Grundlagen, Lernprozesse und Didaktik* (S. 68–80). Göttingen: Vandenhoeck & Ruprecht.

Mc Leod, J. (2004). *Counselling – eine Einführung in Beratung.* Tübingen: dgvt-Verlag.

Nationales Forum Beratung in Bildung, Beruf und Beschäftigung e. V. (nfb) (2014). *Professionell beraten: Kompetenzprofil für Beratende in Bildung, Beruf und Beschäftigung.* Berlin/Heidelberg.

O'Keeffe, W., Centeno, C. & Kluzer, S. (2020). *DigCompat Work. The EU's digital competence framework in action on the labour market: a selection of case studies.* Verfügbar unter: https://op.europa.eu/o/opportal-service/download-handler?identifier=7a30c607-2304-11eb-b57e-01aa75ed71a1&format=pdf&language=en&productionSystem=cellar&part= [06.11.2022].

Redecker, C. & Punie, Y. (2017). *European Framework for the Digital Competence of Educators.* DigCompEdu, Punie, Y. (Ed). EUR 28775 EN. Publications Office of the European Union, Luxembourg. Verfügbar unter: https://op.europa.eu/o/opportal-service/download-handler?identifier=fcc33b68-d581-11e7-a5b9-01aa75ed71a1&format=pdf&language=en&productionSystem=cellar&part= [06.11.2022].

Redecker, C. & Punie, Y. (2019). *Europäischer Rahmen für die Digitale Kompetenz Lehrender.* DigCompEdu, deutsche Übersetzung durch das Goethe Institut, Publications Office, Luxembourg. Verfügbar unter: https://joint-research-centre.ec.europa.eu/system/files/2019-09/digcompedu_german_final.pdf [06.11.2022].

Reindl, R. (2018). Zum Stand der Onlineberatung in Zeiten der Digitalisierung. *e-beratungsjournal.net, 14* (1), Artikel 2. Verfügbar unter: https://www.e-beratungsjournal.net/wp-content/uploads/2018/03/reindl.pdf [06.11.2022].

Risau, P. (2019). Technische Anforderungen und Rahmenbedingungen in der Online-Beratung. *Supervision, 37* (1), 10–16.

Schäfter, C. (2010). *Die Beratungsbeziehung in der sozialen Arbeit.* Wiesbaden: VS Verlag für Sozialwissenschaften.

Schiepek, G. (2020). Psychotherapie und Beratung in komplexen Systemen: Welche Kompetenzen brauchen wir? In P. Bauer & M. Weinhardt (Hrsg.), *Systemische Kompetenzen entwickeln. Grundlagen, Lernprozesse und Didaktik* (S. 36–51). Göttingen: Vandenhoeck & Ruprecht.

Schmeling, J. & Bruns, L. (2020). *Qualifica Digitalis – Metastudie. Kompetenzen, Perspektiven und Lernmethoden im digitalisierten öffentlichen Sektor.* Verfügbar unter: https://qualifica-digitalis.de/wp-content/uploads/QD_Metastudie_20201005_barrierefrei_v5.pdf [06.11.2022].

Seifert, A., Ackermann, T. & Schelling, H. R. (2020). *Digitale Senioren III – 2020. Nutzung von Informations- und Kommunikationstechnologien (IKT) durch Menschen ab 65 Jahren in der Schweiz.* Eine Studie des Zentrums für Gerontologie im Auftrag von Pro Senectute Schweiz. Universität Zürich. Verfügbar unter: https://www.prosenectute.ch/dam/jcr:1e37ab48-cd44-4ba2-9a91-23ce43c7a664/Studie_DigitaleSenioren2020_DE.pdf [03.11.2022].

Seifert, A. & Schelling, H. R. (2015). *Digitale Senioren. Nutzung von Informations- und Kommunikationstechnologien (IKT) durch Menschen ab 65 Jahren in der Schweiz im Jahr 2015.* Zürich: Pro Senectute Verlag.

Silfverberg, M. (2020). Welche Chancen und Risiken ergeben sich durch den Einsatz videogestützter Kommunikationstechniken in der Berufs-, Studien- und Laufbahnberatung aus Sicht von Beratungspersonen bei ask! *e-beratungsjournal.net, 16* (1), Artikel 1. Verfügbar unter: https://www.e-beratungsjournal.net/wp-content/uploads/2020/01/silfverberg.pdf [03.11.2022].

Silfverberg, M. (2021). Videogestützte Onlineberatung bei ask! – Ein Praxisbericht aus der Berufs-, Studien- und Laufbahnberatung während des Schweizer Lockdown 2020. *e-beratungsjournal.net, 17* (2), Artikel 2. Verfügbar unter: https://www.e-beratungsjournal.net/wp-content/uploads/2022/01/silfverberg.pdf [08.02.2023].

Silfverberg, M. & Hörmann, M. (2022). *Wegweiser und Landkarten für den digitalen Dschungel. Beratungsfachliche Kriterien zur Auswahl technischer Lösungen.* Vortrag beim 16. Fachforum Onlineberatung am 19.09.2022. Verfügbar unter: https://fachforum-onlineberatung.de/wp-content/uploads/2022/09/Workshop_Silfverberg_Hoermann_FFOB2022.pdf [03.11.2022].

Silfverberg, M., Hörmann, M. & Tschopp, D. (2022). *Tools für eine digitale Sozialberatung.* Eine Analyse im Auftrag von Pro Senectute Schweiz. Unveröffentlichter Bericht. Olten: FHNW.

Süss, D. (2008). Mediensozialisation und Medienkompetenz. In B. Appel (Hrsg.), *Medienpsychologie* (S. 361–378). Berlin/Heidelberg: Springer.

Süss, D. (2012). Positiver Medienumgang und Medienkompetenz. Anwendung in Psychotherapie, Beratung und Coaching. In C. Steinebach, D. Jungo & R. Zihlmann (Hrsg.), *Positive Psychologie in der Praxis* (S. 220–227). Weinheim/Basel: Beltz.

Trepte, S. & Reinecke, L. (2013). *Medienpsychologie.* Stuttgart: Kohlhammer.

Vuorikari, R., Kluzer, S. & Punie, Y. (2022). *DigComp 2.2: The Digital Competence Framework for Citizens.* EUR 31006 EN. Publications Office of the European Union, Luxembourg (JRC128415). Verfügbar unter: https://publications.jrc.ec.europa.eu/repository/bitstream/JRC128415/JRC128415_01.pdf [30.12.2022].

Weinert, F. E. (2001). Leistungsmessung in Schulen – Eine umstrittene Selbstverständlichkeit. In F. E. Weinert (Hrsg.), *Leistungsmessungen in Schulen* (S. 17–31). Weinheim/Basel: Beltz.

Weiß, S. (2013). *Blended Counseling: Zielorientierte Integration der Off- und Onlineberatung.* Hamburg: Diplomica Verlag.

Wenzel, J. (2013). Neue Medien verändern die Beratungslandschaft nachhaltig. *Zeitschrift für systemische Therapie und Beratung, 31* (3), 105–110.

Wenzel, J. (2018). *Familien im Medienzeitalter. Digitalisierung in der Beratungspraxis.* Göttingen: Vandenhoeck & Ruprecht.

Anhang: Selbsteinschätzungsbogen Medienkompetenz Blended Counseling

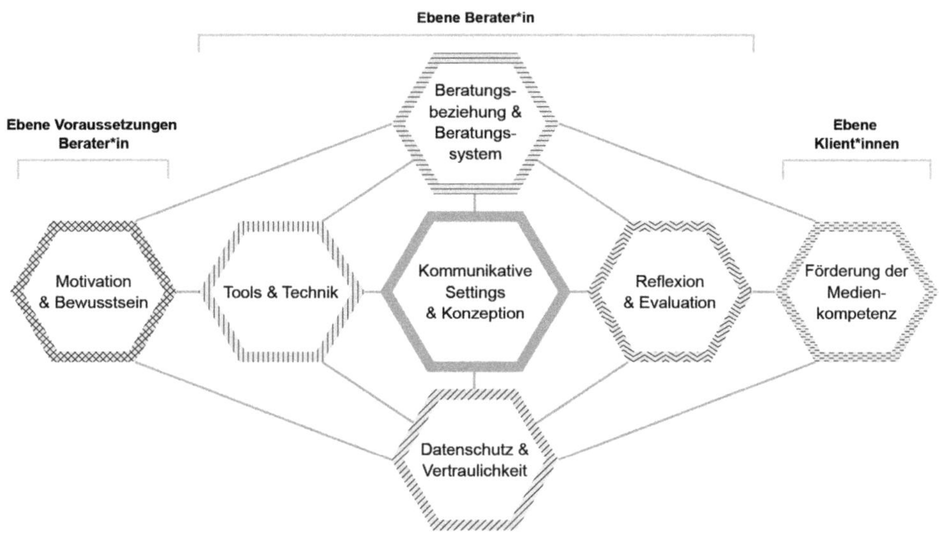

Abbildung 15: *Modell Medienkompetenz Blended Counseling*

Der nachfolgende Selbsteinschätzungsbogen wurde für Berater*innen entwickelt, die bereits digitale Medien in ihre Beratungsprozesse integrieren und eine Einschätzung dazu erhalten möchten, wo sie mit ihren Kompetenzen im Hinblick auf Blended Counseling[16] aktuell stehen.

Der Selbsteinschätzungsbogen ist angelehnt an das Medienkompetenzmodell Blended Counseling und ist entsprechend in sieben Kompetenzbereiche gegliedert. Pro Kompetenzbereich gibt es drei bis sechs Aussagen zur Selbsteinschätzung – wobei es bei einigen Aussagen eher um vorhandenes Fachwissen und Einstellungen in Bezug

16 Unter „Blended Counseling" wird hier die systematische, konzeptionell fundierte und passgenaue Kombination von digitalen und analogen Kommunikationssettings in der Beratung verstanden (vgl. Hörmann et al., 2023, S. 49).

auf den Einsatz digitaler Medien in der Beratung geht, bei anderen hingegen um die konkrete Umsetzung und Anwendung in der Beratungspraxis.

Die Resultate des Selbsteinschätzungsbogens sollen dazu beitragen, besser zu verstehen, in welchen Kompetenzbereichen bereits genügend Kompetenzen für Blended Counseling vorhanden sind und wo es noch Potenziale zur Weiterentwicklung gibt, um Blended Counseling zukünftig noch professioneller und erfolgreicher umsetzen zu können.

Das Ausfüllen des Selbsteinschätzungsbogens (inkl. Auswertung) dauert ca. 20 Minuten.

Anleitung: Entscheiden Sie sich bei jeder Aussage möglichst spontan, inwiefern diese *im Moment* auf Sie zutrifft.

Tipp: Bearbeiten Sie zuerst alle Selbsteinschätzungsaussagen des Bogens und werten Sie die einzelnen Kompetenzbereiche sowie das Gesamtergebnis erst danach aus.

Kompetenzbereich Motivation & Bewusstsein für Beratung im digitalen Setting (MB)

Damit ein Blended Counseling-Prozess erfolgreich umgesetzt werden kann, sollten aufseiten der Beraterin oder des Beraters bestimmte Voraussetzungen betreffend Motivation und Bewusstsein erfüllt sein. Diese Voraussetzungen stellen den Kompetenzbereich MB dar.

Ich bin motiviert, digitale Medien für die Kommunikation zu nutzen.

- ☐ Trifft (noch) nicht zu (0)
- ☐ Trifft (noch) eher nicht zu (1)
- ☐ Trifft weder zu noch nicht zu (2)
- ☐ Trifft eher zu (3)
- ☐ Trifft zu (4)

Mir ist bewusst, dass die Beratung über digitale Medien in einem spezifischen Setting stattfindet, das sich von einer Beratung vor Ort unterscheidet.

- ☐ Trifft (noch) nicht zu (0)
- ☐ Trifft (noch) eher nicht zu (1)
- ☐ Trifft weder zu noch nicht zu (2)
- ☐ Trifft eher zu (3)
- ☐ Trifft zu (4)

Ich bin bereit, mich zum Thema digitale Medien in der Beratung weiterzubilden.

- ☐ Trifft (noch) nicht zu (0)
- ☐ Trifft (noch) eher nicht zu (1)
- ☐ Trifft weder zu noch nicht zu (2)
- ☐ Trifft eher zu (3)
- ☐ Trifft zu (4)

Auswertung Bereich MB: Zählen Sie die Punkte (in Klammern) Ihrer jeweiligen Aussagen zu den drei Kompetenzen zusammen.

Anzahl Punkte: ☐ ☐

Ergebnis Bereich MB – Motivation & Bewusstsein für Beratung im digitalen Setting:

- ☐ 0–3 Punkte: Einsteiger*in
- ☐ 4–7 Punkte: Entdecker*in
- ☐ 8–10 Punkte: Insider*in
- ☐ 11–12 Punkte: Expert*in

Kompetenzbereich Beratungsbeziehung & Beratungssystem (BB)

Eine gute Beratungsbeziehung sowie ein gelungener Einbezug des Beratungssystems können einen Beitrag zum Erfolg psychosozialer Beratung leisten. Daher ist es wichtig, dass Berater*innen, die Blended Counseling anbieten, Kompetenzen aufweisen, die dazu beitragen, dass auch im digitalen Setting eine tragfähige Beratungsbeziehung hergestellt und aufrechterhalten werden kann und dass der Einbezug des Beratungssystems auch mittels digitaler Medien gelingt. Diese Kompetenzen stellen den Kompetenzbereich (BB) dar.

Ich bin in der Lage, auch im digitalen Setting Stimmungen und Reaktionen zu erfassen und Bedürfnisse des Gegenübers zu erkennen.

- ☐ Trifft (noch) nicht zu (0)
- ☐ Trifft (noch) eher nicht zu (1)
- ☐ Trifft weder zu noch nicht zu (2)
- ☐ Trifft eher zu (3)
- ☐ Trifft zu (4)

Ich bin in der Lage, die Qualität der Beratungsbeziehung auch im digitalen Setting aufzubauen bzw. aufrechtzuerhalten.

- ☐ Trifft (noch) nicht zu (0)
- ☐ Trifft (noch) eher nicht zu (1)
- ☐ Trifft weder zu noch nicht zu (2)
- ☐ Trifft eher zu (3)
- ☐ Trifft zu (4)

Ich bin in der Lage, verschiedene kommunikative Settings gezielt für die Kooperation und Zusammenarbeit im Beratungssystem einzusetzen.

- ☐ Trifft (noch) nicht zu (0)
- ☐ Trifft (noch) eher nicht zu (1)
- ☐ Trifft weder zu noch nicht zu (2)
- ☐ Trifft eher zu (3)
- ☐ Trifft zu (4)

Auswertung Bereich BB: Zählen Sie die Punkte (in Klammern) Ihrer jeweiligen Aussagen zu den drei Kompetenzen zusammen.

Anzahl Punkte: ☐ ☐

Ergebnis Bereich BB – Beratungsbeziehung & Beratungssystem:

- ☐ **0–3 Punkte: Einsteiger*in**
- ☐ **4–7 Punkte: Entdecker*in**
- ☐ **8–10 Punkte: Insider*in**
- ☐ **11–12 Punkte: Expert*in**

Kompetenzbereich Kommunikative Settings & Konzeption von Blended Counseling (KK)

Den Kern von Blended Counseling stellt die konzeptionell fundierte Kombination von kommunikativen Settings dar. Beratende, die Blended Counseling anbieten, sollten sich deshalb mit den verschiedenen Settings auskennen und fähig sein, professionell in den jeweiligen kommunikativen Settings zu beraten. Auch die Wahl des passenden Kommunikationssettings sowie die konzeptionelle Fundierung sind wichtig, damit Blended Counseling erfolgreich umgesetzt werden kann. Entsprechende Kompetenzen stellen den zentralen Kompetenzbereich KK dar.

Ich kenne die Möglichkeiten zur Interaktion mit Klient*innen sowie die Herausforderungen, welche die verschiedenen kommunikativen Settings jeweils bieten.

- ☐ Trifft (noch) nicht zu (0)
- ☐ Trifft (noch) eher nicht zu (1)
- ☐ Trifft weder zu noch nicht zu (2)
- ☐ Trifft eher zu (3)
- ☐ Trifft zu (4)

Ich bin in der Lage, Blended Counseling-Prozesse konzeptionell zu fundieren (z. B. mittels Szenarien).

- ☐ Trifft (noch) nicht zu (0)
- ☐ Trifft (noch) eher nicht zu (1)
- ☐ Trifft weder zu noch nicht zu (2)
- ☐ Trifft eher zu (3)
- ☐ Trifft zu (4)

Ich bin in der Lage, aus verschiedenen kommunikativen Settings jene zu wählen, die zur Bedürfnislage der Klient*innen sowie zur Zielsetzung des Prozesses passen.

- ☐ Trifft (noch) nicht zu (0)
- ☐ Trifft (noch) eher nicht zu (1)
- ☐ Trifft weder zu noch nicht zu (2)
- ☐ Trifft eher zu (3)
- ☐ Trifft zu (4)

Ich bin in der Lage, mich angepasst an das jeweilige kommunikative Setting auszudrücken und auf das Gegenüber zu reagieren (inkl. Netiquette).

- ☐ Trifft (noch) nicht zu (0)
- ☐ Trifft (noch) eher nicht zu (1)
- ☐ Trifft weder zu noch nicht zu (2)
- ☐ Trifft eher zu (3)
- ☐ Trifft zu (4)

Ich bin in der Lage, die Vielfalt von Lebenslagen und Kulturen im Hinblick auf die Wahl kommunikativer Settings im Beratungsprozess adäquat zu berücksichtigen.

- ☐ Trifft (noch) nicht zu (0)
- ☐ Trifft (noch) eher nicht zu (1)
- ☐ Trifft weder zu noch nicht zu (2)
- ☐ Trifft eher zu (3)
- ☐ Trifft zu (4)

Ich bin in der Lage, auch im digitalen Setting prozessorientiert zu beraten.

- ☐ Trifft (noch) nicht zu (0)
- ☐ Trifft (noch) eher nicht zu (1)
- ☐ Trifft weder zu noch nicht zu (2)
- ☐ Trifft eher zu (3)
- ☐ Trifft zu (4)

Auswertung Bereich KK: Zählen Sie die Punkte (in Klammern) Ihrer jeweiligen Aussagen zu den sechs Kompetenzen zusammen.

Anzahl Punkte: ☐ ☐

Ergebnis Bereich KK – Kommunikative Settings & Konzeption von Blended Counseling:

- ☐ **0–7 Punkte: Einsteiger*in**
- ☐ **8–14 Punkte: Entdecker*in**
- ☐ **15–20 Punkte: Insider*in**
- ☐ **21–24 Punkte: Expert*in**

Kompetenzbereich Tools & Technik für Blended Counseling (TT)

Bestimmte Kompetenzen der Beraterin oder des Beraters im Hinblick auf Technik sowie auf die beraterisch eingesetzten Tools können zu einer erfolgreichen Umsetzung von Blended Counseling beitragen. Diese Kompetenzen stellen den Kompetenzbereich TT dar.

Ich verfüge über aktuelles Grundlagenwissen zu IT-Hardware und beratungsrelevanter Software.

- ☐ Trifft (noch) nicht zu (0)
- ☐ Trifft (noch) eher nicht zu (1)
- ☐ Trifft weder zu noch nicht zu (2)
- ☐ Trifft eher zu (3)
- ☐ Trifft zu (4)

Ich kenne eine Auswahl an geeigneten digitalen Tools und Plattformen für Beratung.

- ☐ Trifft (noch) nicht zu (0)
- ☐ Trifft (noch) eher nicht zu (1)
- ☐ Trifft weder zu noch nicht zu (2)
- ☐ Trifft eher zu (3)
- ☐ Trifft zu (4)

Ich bin in der Lage, die verwendeten digitalen Tools und/oder Plattformen richtig und mit angemessenem zeitlichen Aufwand einzusetzen.

- ☐ Trifft (noch) nicht zu (0)
- ☐ Trifft (noch) eher nicht zu (1)
- ☐ Trifft weder zu noch nicht zu (2)
- ☐ Trifft eher zu (3)
- ☐ Trifft zu (4)

Ich bin in der Lage, geläufige technische Probleme bei den für die Beratung eingesetzten Tools und Plattformen zu lösen.

☐ Trifft (noch) nicht zu (0)
☐ Trifft (noch) eher nicht zu (1)
☐ Trifft weder zu noch nicht zu (2)
☐ Trifft eher zu (3)
☐ Trifft zu (4)

Auswertung Bereich TT: Zählen Sie die Punkte (in Klammern) Ihrer jeweiligen Aussagen zu den vier Kompetenzen zusammen.

Anzahl Punkte: ☐ ☐

Ergebnis Bereich TT – Tools & Technik für Blended Counseling:

☐ **0–4 Punkte: Einsteiger*in**
☐ **5–9 Punkte: Entdecker*in**
☐ **10–13 Punkte: Insider*in**
☐ **14–16 Punkte: Expert*in**

Kompetenzbereich Datenschutz & Vertraulichkeit für Beratung im digitalen Setting (DV)

Vertraulichkeit ist ein wichtiger Aspekt von Beratung. Dies gilt auch – oder sogar insbesondere – für Beratungen im digitalen Setting. Für eine professionelle Umsetzung von Blended Counseling ist es deshalb unerlässlich, dass Beratende bestimmte Kompetenzen im Hinblick auf Datenschutz und Vertraulichkeit mitbringen. Diese Kompetenzen stellen den Kompetenzbereich DV dar.

Ich kenne die rechtlichen Rahmenbedingungen – insbesondere zu Datenschutz und Datensicherheit – für die Nutzung verschiedener technischer Lösungen in der Beratung.

- ☐ Trifft (noch) nicht zu (0)
- ☐ Trifft (noch) eher nicht zu (1)
- ☐ Trifft weder zu noch nicht zu (2)
- ☐ Trifft eher zu (3)
- ☐ Trifft zu (4)

Mir sind mögliche Risiken und Bedrohungen im digitalen Umfeld bewusst.

- ☐ Trifft nicht zu (0)
- ☐ Trifft eher nicht zu (1)
- ☐ Trifft weder zu noch nicht zu (2)
- ☐ Trifft eher zu (3)
- ☐ Trifft zu (4)

Ich bin in der Lage, in der Beratung datenschutzrelevante Aspekte einzuhalten und einen vertraulichen Rahmen herzustellen.

- ☐ Trifft (noch) nicht zu (0)
- ☐ Trifft (noch) eher nicht zu (1)
- ☐ Trifft weder zu noch nicht zu (2)
- ☐ Trifft eher zu (3)
- ☐ Trifft zu (4)

Auswertung Bereich DV: Zählen Sie die Punkte (in Klammern) Ihrer jeweiligen Aussagen zu den drei Kompetenzen zusammen.

Anzahl Punkte: ☐ ☐

Ergebnis Bereich DV – Datenschutz & Vertraulichkeit:

- ☐ **0–3 Punkte: Einsteiger*in**
- ☐ **4–7 Punkte: Entdecker*in**
- ☐ **8–10 Punkte: Insider*in**
- ☐ **11–12 Punkte: Expert*in**

Kompetenzbereich Reflexion & Evaluation (RE)

Nur wer sich selbst und das eigene Handeln reflektiert, kann sich verbessern. Dies gilt auch für den Einsatz von digitalen Medien in der Beratung. Für eine erfolgreiche Umsetzung von Blended Counseling sind daher reflexive und evaluative Kompetenzen aufseiten der Beratenden unerlässlich. Diese Kompetenzen stellen den Kompetenzbereich RE dar.

Ich kenne meine Einstellung zu digitalen Medien und habe meine Medienbiografie reflektiert.

- ☐ Trifft (noch) nicht zu (0)
- ☐ Trifft (noch) eher nicht zu (1)
- ☐ Trifft weder zu noch nicht zu (2)
- ☐ Trifft eher zu (3)
- ☐ Trifft zu (4)

Ich bin in der Lage, die Nutzung von digitalen Medien in der Beratung ethisch zu reflektieren.

- ☐ Trifft (noch) nicht zu (0)
- ☐ Trifft (noch) eher nicht zu (1)
- ☐ Trifft weder zu noch nicht zu (2)
- ☐ Trifft eher zu (3)
- ☐ Trifft zu (4)

Ich bin in der Lage, digitale Medien einzuordnen und kritisch zu bewerten.

- ☐ Trifft (noch) nicht zu (0)
- ☐ Trifft (noch) eher nicht zu (1)
- ☐ Trifft weder zu noch nicht zu (2)
- ☐ Trifft eher zu (3)
- ☐ Trifft zu (4)

Ich bin in der Lage, meine Nutzung digitaler Medien im Anschluss an die Kommunikation zu überdenken und daraus Schlüsse für weitere Beratungen zu ziehen.

- ☐ Trifft (noch) nicht zu (0)
- ☐ Trifft (noch) eher nicht zu (1)
- ☐ Trifft weder zu noch nicht zu (2)
- ☐ Trifft eher zu (3)
- ☐ Trifft zu (4)

Auswertung Bereich RE: Zählen Sie die Punkte (in Klammern) Ihrer jeweiligen Aussagen zu den vier Kompetenzen zusammen.

Anzahl Punkte: ☐ ☐

Ergebnis Bereich RE – Reflexion & Evaluation:

- ☐ **0–4 Punkte: Einsteiger*in**
- ☐ **5–9 Punkte: Entdecker*in**
- ☐ **10–13 Punkte: Insider*in**
- ☐ **14–16 Punkte: Expert*in**

Kompetenzbereich Förderung der Medienkompetenz von Klient*innen (MK)

Beraten unter Einbezug digitaler Medien ist nur möglich, wenn neben der Beratungsperson auch die Klient*innen motiviert und in der Lage sind, (sichere) digitale Medien anzuwenden. Deshalb liegt eine weitere Kompetenz von Beratenden, die Blended Counseling anbieten, darin, die Klient*innen im Hinblick auf deren Medienkompetenz zu unterstützen und zu motivieren. Kompetenzen in diesem Zusammenhang stellen den Kompetenzbereich MK dar.

Ich bin in der Lage, eine erste Einschätzung der Medienkompetenz meines Gegenübers vorzunehmen.

- ☐ Trifft (noch) nicht zu (0)
- ☐ Trifft (noch) eher nicht zu (1)
- ☐ Trifft weder zu noch nicht zu (2)
- ☐ Trifft eher zu (3)
- ☐ Trifft zu (4)

Ich bin in der Lage, bei den Klient*innen die Motivation und die Offenheit für Beratung im digitalen Setting zu fördern.

- ☐ Trifft (noch) nicht zu (0)
- ☐ Trifft (noch) eher nicht zu (1)
- ☐ Trifft weder zu noch nicht zu (2)
- ☐ Trifft eher zu (3)
- ☐ Trifft zu (4)

Ich bin in der Lage, Klient*innen für Datenschutzfragen zu sensibilisieren.

- ☐ Trifft (noch) nicht zu (0)
- ☐ Trifft (noch) eher nicht zu (1)
- ☐ Trifft weder zu noch nicht zu (2)
- ☐ Trifft eher zu (3)
- ☐ Trifft zu (4)

Ich bin in der Lage, den Klient*innen bei der Behebung von geläufigen technischen Problemen bei den eingesetzten Tools und Plattformen behilflich zu sein.

☐ Trifft (noch) nicht zu (0)
☐ Trifft (noch) eher nicht zu (1)
☐ Trifft weder zu noch nicht zu (2)
☐ Trifft eher zu (3)
☐ Trifft zu (4)

Auswertung Bereich MK: Zählen Sie die Punkte (in Klammern) Ihrer jeweiligen Aussagen zu den vier Kompetenzen zusammen.

Anzahl Punkte: ☐ ☐

Ergebnis Bereich MK – Medienkompetenz Klient*innen:

☐ **0–4 Punkte: Einsteiger*in**
☐ **5–9 Punkte: Entdecker*in**
☐ **10–13 Punkte: Insider*in**
☐ **14–16 Punkte: Expert*in**

Gesamtauswertung Selbsteinschätzungsbogen Blended Counseling

Kompetenzbereich Motivation und Bewusstsein für Beratung im digitalen Setting (MB)
Ergebnis Kompetenzbereich MB:
Meine Gedanken zum Ergebnis:
Ideen zur Weiterentwicklung:

Kompetenzbereich Beratungsbeziehung und Beratungssystem (BB)
Ergebnis Kompetenzbereich BB:
Meine Gedanken zum Ergebnis:
Ideen zur Weiterentwicklung:

Kompetenzbereich: Kommunikative Settings und Konzeption von Blended Counseling (KK)
Ergebnis Kompetenzbereich KK:
Meine Gedanken zum Ergebnis:
Ideen zur Weiterentwicklung:

Kompetenzbereich Tools & Technik für Blended Counseling (TT)
Ergebnis Kompetenzbereich TT:
Meine Gedanken zum Ergebnis:
Ideen zur Weiterentwicklung:

Kompetenzbereich Datenschutz & Vertraulichkeit für Beratung im digitalen Setting (DV)
Ergebnis Kompetenzbereich DV:
Meine Gedanken zum Ergebnis:
Ideen zur Weiterentwicklung:

Kompetenzbereich Reflexion & Evaluation (RE)
Ergebnis Kompetenzbereich RE:
Meine Gedanken zum Ergebnis:
Ideen zur Weiterentwicklung:

*Kompetenzbereich Förderung der Medienkompetenz von Klient*innen (MK)*
Ergebnis Kompetenzbereich MK:
Meine Gedanken zum Ergebnis:
Ideen zur Weiterentwicklung:

Um das Gesamtergebnis der Medienkompetenz Blended Counseling berechnen zu können, werden zuerst die Ergebnisse aus jedem Kompetenzbereich in Punkte umgewandelt, und zwar nach dem folgenden Schema:

Einsteiger*in	=	0 Punkte
Entdecker*in	=	10 Punkte
Insider*in	=	20 Punkte
Expert*in	=	30 Punkte

*Beispiel: Wenn Sie im Bereich Motivation und Bewusstsein für Beratung im digitalen Setting (MB) 9 Punkte hatten, wurden Sie als „Insider*in" klassifiziert. Diese Klassifizierung gibt für die Gesamtauswertung 20 Punkte für den Bereich MB (siehe Berechnungsschema oben).*

Punkte Bereich MB	=	□□□
Punkte Bereich BB	=	□□□
Punkte Bereich KK	=	□□□
Punkte Bereich TT	=	□□□
Punkte Bereich DV	=	□□□
Punkte Bereich RE	=	□□□
Punkte Bereich MK	=	□□□
Gesamtpunkte	=	□□□

Berechnung Gesamtergebnis

Anz. Punkte	*Gesamtergebnis Medienkompetenz Blended Counseling*
0–39	**Einsteiger*in Blended Counseling:** Sie haben vielleicht schon von Blended Counseling gehört, sich aber wohl noch nicht intensiv mit dem Thema auseinandergesetzt. Keine Sorge: Was nicht ist, kann noch werden! Scheuen Sie sich nicht, ein Weiterbildungsangebot zu Blended Counseling zu besuchen.
40–109	**Entdecker*in Blended Counseling:** Sie haben sich vielleicht schon mit Blended Counseling auseinandergesetzt und einige Aspekte von Blended Counseling gelingen Ihnen auch bereits in der praktischen Umsetzung. Vermutlich sind aber noch einige Unsicherheiten vorhanden, die Sie durch gezielte Weiterbildung und Übung abbauen können.

110–179	**Insider*in Blended Counseling:** Sie sind vertraut mit verschiedenen theoretischen Aspekten von Blended Counseling und können Blended Counseling größtenteils gekonnt in der Praxis umsetzen. Vereinzelt bestehen vielleicht noch Unsicherheiten oder Wissenslücken, die Sie zukünftig gezielt schulen können.
180–210	**Expert*in Blended Counseling:** Sie haben ein großes Wissen über die theoretischen Aspekte von Blended Counseling und können Blended Counseling erfolgreich in der Praxis umsetzen – von der (konzeptionellen) Planung über die Durchführung des Beratungsprozesses bis hin zur Evaluation. Hut ab!